U0049538

禮貌的力量

掌握最強生存思維！
逆轉有毒關係、改造職場與人生的新科學

克莉絲汀・波拉斯 著
Christine Porath

朱家鴻 譯

Mastering Civility
A Manifesto for the Workplace

目　錄

前言　更善良，也更成功 ⋯⋯⋯⋯⋯⋯⋯⋯⋯⋯⋯⋯⋯⋯⋯ 009

第一部　**禮貌的賽局思考：沉重代價或真實利益**

我們對待他人的方式看似微不足道，卻對身旁的人、
所處團體有深遠影響。你將了解不同行為的潛在風險
與利益，以及行為本身的高速傳播性。

第1章　無禮已成為潮流 ⋯⋯⋯⋯⋯⋯⋯⋯⋯⋯ 017
・不文明狂潮的背後原因

第2章　你所不知的無禮後果 ⋯⋯⋯⋯⋯⋯⋯⋯ 023
・壓力比你想得更要命
・時間、金錢的沉重代價
・無禮讓人無能
・停止思考的毒藥
・我們能否承受這些損失？

第3章　有禮走遍天下 ⋯⋯⋯⋯⋯⋯⋯⋯⋯⋯⋯⋯ 037
・無禮也能成功？被時代淘汰的舊觀念
・事實是，禮貌比能力重要
・一加一大於二，文明的團隊更有價值
・別讓無禮成為敗筆

第4章　無禮的高傳染力 ⋯⋯⋯⋯⋯⋯⋯⋯ 051

・釀成瘟疫的「漣漪效應」
・滲透你的潛意識，影響你的決定
・隔離策略
・長達數年的負面影響
・禮貌，也同樣影響深遠

第二部　文明程度測驗：你的現狀與改善方法

改變，就從看清自己的現狀和處境開始。本部分收錄目前廣受大型組織採用的評測與改善技巧，我們可以藉此轉換行為，成就更優秀的自己。

第5章　你自己是文明人嗎？ ⋯⋯⋯⋯⋯⋯ 065

・無禮程度測驗
・看清盲點的七種策略
・別停止向前

第6章　禮貌基本訓練課 ⋯⋯⋯⋯⋯⋯⋯⋯⋯ 089

・兩個神奇詞彙
・第一基本禮儀：微笑
・第二基本禮儀：與部屬建立關係
・第三基本禮儀：傾聽

第7章　偏見使人無禮 ⋯⋯⋯⋯⋯⋯⋯⋯⋯⋯ 105

・傷人最快的方法
・Google 的反偏見戰役
・開啟對話，理解對方

第8章　給予為什麼值得？ ············· 123

· 聰明分享資源
· 認可，換來更大的認可
· 感謝，會讓你與眾不同
· 讓數字透明
· 使命感帶來幸福感
· 重視每一刻：金寶湯的成功策略

第9章　數位禮儀之道 ············· 137

· 提高自制力的基本守則
· 當你有求於人
· 不該發郵件的時機
· 定下尊重的基調
· 不是無解，只是需要提醒

第三部　建立你的文明職場

職場文化有可能在短時間內改變嗎？使用「文明度循環」四步驟，多管齊下，讓團隊裡的每個人都看見禮貌的深層影響。

第10章　如何招聘到文明人？ ············· 153

· 洞察細節的聰明提問法
· 團隊讓你提高勝率
· 值得你一試的打聽技巧
· 銳玩遊戲的線上行為資料庫
· 懂尊重，吸引文明人

第11章　提供指導，取得共識 ⋯⋯⋯⋯⋯ 165
・使命感不會無中生有
・如何塑造價值觀？
・訂定可依循的簡單規則
・指導與提供建議的方法

第12章　定期評量，找出痛點 ⋯⋯⋯⋯⋯ 179
・眼界要超越結果
・先尊重每一個人的付出
・動員社交網路追蹤禮儀
・不只向上評估，也要向下與橫向

第13章　充分實踐你的文明觀念 ⋯⋯⋯⋯⋯ 189
・不追蹤，你就無法進步
・無禮可以修正，也可能是絕症
・清楚劃出你的界線
・為什麼你該「好好」開除無禮員工？

第四部　面對「有毒人物」的自救指南

無禮會造成負面影響，但如果受害者是你，你該如何處理？波拉斯教授將告訴你建立正確心態、擬定對策，以及最終切斷毒害的實用技巧。

第14章　不文明毒害的解方 ⋯⋯⋯⋯⋯ 201
・放大無助感的兩種情況
・如何面對加害者？
・心態調適可以提高勝率

· 立於不敗的七種方法
· 工作越換越好的離職思考

總結 ⋯⋯⋯⋯⋯⋯⋯⋯⋯⋯⋯⋯⋯⋯⋯⋯⋯⋯⋯⋯⋯⋯⋯ 219

致謝 ⋯⋯⋯⋯⋯⋯⋯⋯⋯⋯⋯⋯⋯⋯⋯⋯⋯⋯⋯⋯⋯⋯⋯ 223

工具　提高自我價值的五個練習 ⋯⋯⋯⋯⋯⋯⋯ 227
精力管理／樹立可模仿的對象／覺察你的隱形偏見／評估你的人際技巧／練習傾聽的技巧

工具　讓你的團隊再進化 ⋯⋯⋯⋯⋯⋯⋯⋯⋯⋯ 231
誰是團隊文明人／給團隊成員的討論題目／指導禮貌時的引導提問

參考資料 ⋯⋯⋯⋯⋯⋯⋯⋯⋯⋯⋯⋯⋯⋯⋯⋯⋯⋯⋯ 235

推薦資源 ⋯⋯⋯⋯⋯⋯⋯⋯⋯⋯⋯⋯⋯⋯⋯⋯⋯⋯⋯ 265

前言 ————————————————

更善良，也更成功

我曾受邀前往美國勞工部演講，主題是「克服無禮職場，創造優良環境」。演講結束後，我和部長辦公室的高層一起步入電梯，同行的還有一些人。站在我身旁的女士向我簡單自我介紹，說她剛聽完我的演講，想和我聊聊她遇過的無禮上司。我仔細傾聽，雖然她很努力不說出名字，但大家都心知肚明，她口中的無禮上司就是勞工部裡的一位主管，職位介於她與副部長之間。電梯裡所有人都默不作聲，要不眼神放空，要不就是死盯著地板，但**所有人**都豎起耳朵聽。

她問道：「我該怎麼辦？我已經無計可施了，到底該怎麼應付這種沒禮貌的人？」

此時，電梯門猛然開啟，眾人魚貫走出，這名女士依然緊跟著我，我看得出她非常焦慮。我在通往副部長辦公室的走道上，給了她一些籠統的建議，要她先顧好自己，且長遠來說對方並不值得她分神。此外，我還建議她把時間多花在能激勵自己、或提升自我的人事物。她點了點頭，但顯然對我的建議不以為然。就在我轉身要去參加會議時,她向我道別,並說:「其實,我現在可說是進退兩難,我不想辭職,我已經在這投入太多心血。我工作認真,想讓自己變好,也想大家都變得更好,卻不知從何做起。」

　　我可以理解她的痛,因為我也有過相同經歷。我剛出社會時,就得到了自己夢寐以求的職位:替某全球運動品牌創辦體育學院。但我很快就發現,我進入了一個不文明的職場文化:霸凌、無禮加上各種形式的無禮行為。那裡有一個自戀又獨裁的老闆,他的行為從上而下滲透到基層。員工覺得自己與公司毫無關係,心思不在工作上。有些人故意做些有損公司的事,像是偷走辦公室用品或裝備、在打卡紙上動手腳,或是把個人用品報到公司帳上。許多人都將怨氣發在旁人身上,對同事大聲發號施令、對客戶冷嘲熱諷、拒絕與團隊合作。許多有才幹的人都離開了,其中一些加入了競爭品牌的公司,而我就是其中之一。

　　雖然我很想告訴你們「這件事沒有在我心裡留下傷疤」,但事實並非如此。我(自認為)是堅強的人,就讀國家大學體育協會第一級的學校時主修兩項運動。我的同事的適應能力也很好,不會輕易對挑戰低頭。然而,在這充滿敵意的工作環境工作幾個月後,我們許多人都被榨乾了,變成一具具行屍走肉。

　　我親身體驗過無禮職場,也在這些年間目睹親友被無禮

言行折磨，於是決定將職業生涯投入研究職場的無禮言行，並
協助企業打造正向工作文化，讓員工都能茁壯成長。為了向世
人展示職場人際互動的**重要性**，我決定讓大家看看，放任粗
魯行為流竄於職場，會對領導者和機構的荷包造成什麼影響。
其實我認為此事關乎道德──眾人本來就應以禮相待，但我也
知道，大多數機構都抱持金錢至上的觀念，因此我想讓大家明
白，無禮言行會重挫公司收益。

　　由於我們把大部分時間都花在工作上，加上我們的身分認
同與幸福也於職業息息相關，因此我認為我們可以進步，也**必
須**進步。我想讓大家看看，打造正向、文明的職場，對人、對
機構、對社會有哪些好處。

　　我花了二十年研究數萬人的職場體驗，範圍遍及六大洲，
涵蓋幾乎所有產業與類型的機構，包括新創公司、財星全球前
五百大企業、非營利組織與政府機構，也諮詢過全球各種規模
的公司。最後我發現，我們可以用各種問題來定義職業成功，
並找出了一個最關鍵的問題：

你想成為怎樣的人？

　　無論你心中有沒有答案，你其實每天都在用實際行為來回
答這個問題。現在，請你在腦中想像以下情境：

情境一

　　凱特覺得自己不受重視，因此毫無幹勁。她之所以不積極，是因為她覺得自己被人陷害，注定最後會失敗。她想成功，卻認為自己做不到，所以十分沮喪。她對同事的態度很差，是因為她認為大家都不尊重她；她不願付出太多，是因為她遭人打壓。

情境二

　　凱特覺得大家重視她，因此特別有幹勁。她覺得自己有自主權所以深受激勵。她很開心，因為她很滿意自己的成就；她可以激發別人的創意，是因為她的工作文化重視分享；她自豪於工作成果，是因為眾人的肯定與獎勵；她願意付出更多，是因為眾人願意支持她。

　　我要問的，不是「你想當哪個凱特」這個答案很明顯的問題。真正的問題是：「你願意拉凱特一把，還是打壓她？」無論你是想讓團隊達成目標、改善工作環境的領導者，還是應付職場不良行為的專業人士，你都可以選擇一種角色，使他人願意付出更多，並藉此完成目標。你對待他人的方式才是最重要的──而別去思考對方是否會信任你、與你建立關係、跟隨你、支持你、為你賣命。

　　領導者大多知道無禮言行會造成巨大損失，但他們並不清楚禮貌行為的價值，以及該如何實現它。本書是一部實用的守則，專門寫給想打造禮貌職場的領導者，以及想提升效率與影響力的人。就算你不是公司領導者，也可以改善其他人的處境。我的研究顯示，善良、體貼與尊重是相當實用的工具，可以創造禮貌行為的正向推動力，促使他人回應，並成為他人成功的基石。

　　本書內容包含我與同事的研究，加上許多案例，能說明禮貌行為在職場與職場外的力量。本書分為四個部分，我在第一部分會描述各種無禮言行，以及此類行為的代價。此外，我還會詳細描述各種禮貌行為，以及這些行為帶來的效益。我將在第二部分問讀者：「你都以什麼方式對待他人？你該如何提升自己的影響力與工作效能？」在第三部分，我會提出打造文明組織的四個步驟。到了第四部分，我會給予電梯裡那位可憐女士我的建議：當你淪為無禮言行的箭靶時，該如何解套。

　　打滾這個領域二十年，我必須遺憾地告訴你們，職場的無禮問題依舊存在，而且有越演越烈的趨勢。為了身邊的人，也為了我們身處的組織，我們必須盡力改變現狀，而這也是此書不止是工具書，更是一段宣言的原因。我將最新的科學研究結果濃縮在書中，希望能說服、啟發讀者，努力讓自己變得更善良。

　　我希望我們**所有人**在面對禮貌行為時，都能勇敢去做，不要抗拒，從現在就開始盡一份心力。

　　我希望你在閱讀此書時，能問問自己想成為什麼樣的人，也希望你不要久久才問自己一次，而是在面對人生各種挑戰、勝利、驚喜、緊張關係時，都不停自問。你想以什麼方式對人造成什麼影響？利用本書的建議與科學研究結果來回答這個問題，讓你身處的團體、組織與社會變得更好。

第一部

禮貌的賽局思考

沉重代價或真實利益

◆

在第 1 章到第 4 章，我將詳細描述無禮的代價與禮貌的潛在好處，並告訴你這些行為本身的高速傳播性。我們對待他人的方式看似微不足道，實際上卻對身邊的人、任職的機構有著深遠的影響。

第 1 章 ——————————————————————

無禮已成為潮流

> 「身處在團體內，你的一言一行都要尊重在場的人。」
>
> —— 華盛頓

　　麥克是一間娛樂公司的執行副總，有次公司派他到紐約出差，目的是當面辭退一些員工。當天與麥克同行的還有一個人，是麥克公司最近收購的小公司的總經理。當麥克向一名資深員工轉達資遣消息時，赫然瞥見那位總經理把腳翹到會議桌上，慢條斯理地敲打電腦鍵盤，連目光都懶得移開螢幕，遑論說些話感謝這名員工，或表達同情之意。

　　在職場上，此類不經大腦的行為會令多數人感覺不受尊重，且會隨著時間累積，釀成更大的問題。我與雷鳥全球管理學院（Thunderbird School of Global Management）皮爾森教授（Christine Pearson）在 1998 年做過一次調查，其中有四分之一的受試者回覆，自己曾被人以粗魯的態度對待，頻率是每週至少一次。我在 2005 年又做了一次調查，回覆人數竟增長到近二分之一，到了 2011 年，回報者已逾半數。

2016 年美國文明行為調查（*Civility in America 2016*）的結果顯示，幾乎所有填寫調查表的人（95％）都認為，無禮言行是美國的社會問題，而有 70％的人認為，無禮問題比例已經達到危險程度。[1]無論從哪個方面來看，無禮言行的趨勢都在日益攀升。

或許你也說得出各類型的粗魯言行，像是忽略他人（如前文的總經理）、拒聽他人的發言，或是貶損他人。舉例而言，某老闆可能會說：「我如果想知道你的意見，會主動問你。」另一位老闆對菜鳥員工第一份專案的評價是：「你做出來的東西就是一坨屎」。某上司朝部屬咆哮「這裡錯了」，但對方只是忘了修改內部備忘錄裡的一個錯字。某副總因不滿報告沒列出尚未公布的財務資訊，便不顧車內還有其他人，直接用免持聽筒對著電話大罵：「你交上來的東西只有幼稚園水準。」

其他無禮言行還有：不感興趣所以直接離開對話現場，以及在會議中接電話。某些領導者的無禮言行包括：

* 公開嘲笑或貶損他人。
* 提醒員工他們的「角色」，以及他們在組織內的低階職稱。
* 用惡毒的方式奚落直屬員工。
* 喜歡搶功勞，但碰上麻煩時卻讓他人背黑鍋。

無論是上述哪種行為，重點都不在於接受者是否**真的**沒得到應得的尊重，或是沒有被真誠地對待，而是他們**是否**感到自己不受尊重。一個行為禮貌與否，取決於行為接受者的感受，既會因人而異，也會因文化、世代、性別、產業與組織有所不同。你對禮貌的定義可能與老闆不同，但無論如何，你的想法才是**最重要的**！

不文明狂潮的背後原因

為何無禮言行會日趨嚴重？原因有很多，全球化是其中之一。來自 A 文化的同事的言行，可能會冒犯到來自 B 文化的同事，但行為者卻毫無自覺。舉例來說，在日本搭地鐵時，退到門口旁邊，讓車上乘客先下車，自己再上車是有禮貌的行為。但在中國，大家一看到列車到站就會蜂擁而上，眾人也不以為忤。

我再舉一個例子，主角是我的導師，南加州大學效率組織中心（Center for Effective Organizations）的勞勒主任（Ed Lawler）。有次他在南非某座大禮堂舉辦演講，台下的學生聽眾各個看起來昏昏欲睡，整場演講都沒把頭抬起來過，令他百思不得其解。學生們不正眼看他，既不點頭，臉上也沒有微笑，就像木頭人一樣。後來他才得知，低頭在南非文化中象徵尊敬。

還有一個原因是世代差距，聖地牙哥州立大學的特溫格教授（Jean Twenge）的研究指出，相較於二十五年前，現在的學生自戀程度高了30％。[2]如果一個人過於關心自己，就不會在意自己的行為會對他人造成什麼影響。

　　無禮言行的成因相當複雜，我們也可以將這股無禮的風潮，歸咎於職場人際關係損耗。職場人際關係之所以會損耗，有部分是因為越來越少人到辦公室上班，造成工作安排不同。即便他們是自行選擇在家工作，也擺脫不了被隔離的感覺。遠距工作的員工表示，自己感到被組織隔離，也沒受到應有的尊重。[3]有些著作記錄了社區與公民關係的崩潰，像是普特南（Robert Putnam）所著的《單人保齡球》（Bowling Alone）與鄧克爾曼（Marc Dunkelman）的《消失的鄰居》（The Vanishing Neighbor），[4]而我基於我的研究，欲將這些概念推及工作組織。

　　我做過一項研究，參與人數共有兩萬人，幾乎都是白領員工，任職於各公司與產業，其中超過半數人認為自己壓力過大，工作負擔太沉重。在另一項調查中，我直接詢問受試者為何做出無禮行為。逾半數的人回答是因為工作壓力大，逾40％的人回答「我沒時間扮好人」；[5]有四分之一的人表示自己之所以粗魯待人，是因為上司不尊重他們；另外四分之一的人則說，公司沒有提供指引他們待人的方向或培訓。

　　科技也是扼殺職場人際關係的幫兇，平均來說，職場專業人士每天光是回覆電子郵件就要花上六小時，瀏覽網頁、查看社群媒體或網購的時間則另計。[6]電子通訊無疑可以拉近人與人的距離，但也會引發誤會或溝通障礙，且通常會讓我們得以站在遠方、肆無忌憚地表達不滿，同時辱罵與抨擊他人。此外，我們花在電腦上的時間越久，就越不知道如何與人面對面連結，忘記對方也是人，同樣有需求與感受。

仔細研究這些成因後，我了解到一個關鍵概念，也是我數十年研究最重要的心得，那就是**人會做出**無禮行為，**大多不是出於惡意，而是源於無知**。我當初投入此領域的研究，原本以為這些王八蛋是故意要把職場搞得烏煙瘴氣。但我現在明白了，絕大多數的惡行其實反映了行為者的毫無自覺。雖然沒有傷人之心，卻做了傷人的事。一位外科醫生告訴我，他在收到住院醫師、護理師與醫護人員的回饋之後，才知道大家都不喜歡他嚴厲又頤指氣使的作風。記得我剛剛提到的總經理嗎？我們就和他一樣，對身邊的人漫不經心，用己所不欲的態度對待旁人。

無論是全球化、世代差異、職場壓力、職場人際關係耗損，或者科技使然，我們現在似乎更關心自己，越來越不在乎他人。

當上述原因使我們不尊重他人，我們自己也會付出代價。我會在下個章節詳述無禮言行對個人、組織與社會造成的傷害。我想讀者也會同意，這確實一點都不美好。

本章重點

■ 無禮的標準在於接受者。重點在於一個人覺得自己
被如何對待。

■ 無禮言行普遍存在於全世界，而且在過去二十年有
所增加。

■ 我們都知道與他人連結很重要，卻選擇不這樣做。

第 2 章 ————————————————————————

你所不知的無禮後果

「你說的話，對方會忘記；你做的事，對方會忘記；你給
人的感覺，對方一輩子都不會忘。」

——安傑洛（Maya Angelou），美國作家

　　二十一年前的父親節週末，我走進俄亥俄州克里夫蘭市郊
的一間醫院，一踏入就感受到一股悶熱的空氣。我看到父親時，
才發現那個原本健康有活力的男人正躺在病床上，赤裸的胸口
貼著電極片。後來我得知父親心臟病發作，但眾人都找不出原
因。父親健康狀況一直很好，我猜想此事一定和工作壓力有關。
過去十年間，父親先後經歷了兩任無禮上司的荼毒，花了整整
十年才肯開口提這件事，終於開口之後，才說那位上司早已養
成習慣，會當眾大發雷霆。除了辱罵、隨意解僱、貶低眾人的
努力，還會用員工根本無法控制的事情作為理由來責備他們，
甚至對客戶的態度也奇差無比。有次父親和他一起去客戶的
店，親耳聽見他對店主說：「你管理的這間店簡直爛得像坨屎。」

　　父親這些年一直隱忍著，卻在無形中傷害了自己。我父親從來不抱怨（至少不會對我們），一心一意只為賺錢養家。我們家有四個兄弟姊妹，他想讓每個人都上大學，這可真是工程浩大。於是他決定忍氣吞聲，默默承受一切。每當面對困境，他都說自己心懷感激，感激自己生在美國，能享受自由、擁有自己的信仰與家庭。他覺得自己很幸運，能夠認識我媽，並結婚生子。

　　到最後，父親終於受不了了，他擔心那位上司會對組織造成不好的影響，於是鼓足勇氣，向公司老闆報舉此事。他很清楚這樣做的風險，還對我媽說：「要是公司不開除他，我就死定了。」幾個禮拜後，那位上司被公司提名為區域年度最佳經理。幾天後，父親就住院了。

　　我走進病房時，父親刻意裝出勇敢的表情，甚至還擠出一絲微笑，像是在告訴我們他很好，要我們別擔心。我看得出來，父親自知現在的狀況，也覺得很丟臉，他根本就不想讓我們看見這種模樣，而**我**也不忍心看他這樣。我眼中的父親一直是無敵超人，而無禮的行為卻總是能折磨好人、破壞組織。

壓力比你想得更要命

　　現代科學研究指出，粗魯無禮的言行對人的健康有極大的影響，薩波斯基（Robert Sapolsky）在《為什麼斑馬不會得胃潰瘍？》（*Why Zebras Don't Get Ulcers*）中寫道，當一個人時不時暴露在壓力來源下（如無禮言行），而且時間越來越長、頻率越來越高，那麼健康就會亮起紅燈。[1] 無禮的言行會耗損人的免疫系統，引發心血管疾病、癌症、糖尿病與胃潰瘍。舉例來說，哈佛公共衛生學院（Harvard School of Public Health）在 2012 年做過一項研究，發現工作壓力過大的職位會帶來跟抽菸、肥胖一樣的效果，將影響女性健康狀況。[2]

　　更有多項研究發現，「社會心理」因素（如工作相關壓力）是影響人類壽命的關鍵因素。[3] 雖然基因與相關風險也很重要，但壓力的影響更為顯著。特拉維夫大學學者希羅姆（Arie Shirom）和同事做過一項研究，他們花了二十年追蹤了 820 名各行各業（金融、製造、健康照護等）的成年人。研究期間，他們會不停與受試者面談，詢問工作狀況、公司管理者的行為、以及他們與同事的關係，並仔細觀察受試者的健康狀況。結果發現，影響壽命的並非工時或其他因素（如工作量、決策權、關心健康的程度），而是同事的正向支持力。事實上，遇上不友善的同事與高死亡風險是有關聯的。[4] 以本研究為例，中年員工在職場上無法得到「同儕社會性支持」，或是得到的支持不夠，死亡機率便會是其他人的 2.4 倍。[5]

　　其他研究指出，即便將一般壓力與個人所經歷的無禮言行考慮在內，在不文明的團體工作仍然會影響人們的心理健康。[6] 我們常將無禮言行的壓力帶回家，並發洩在家人身上，而家人也會將之帶到各自的工作場所。[7]另一項反向研究發現，家庭內無禮的言行與壓力，與家庭成員的工作表現低下有關。[8]

時間、金錢的沉重代價

上述各種現象會令組織損失大筆金錢，而這還只是保守的說法。美國心理學會（American Psychological Association）估計，職場壓力使美國經濟每年損失5,000億美元。[9]此外，美國每年因為工作壓力耗損了5,500億個工作日，有60%到80%的職場意外是由壓力引起，更有高達80%的醫院看診紀錄與壓力有關。美國國家職業安全與健康研究所（NIOSH）的資料顯示，壓力大的工作者所花費的醫療費用，比壓力較小者高出了46%。[10]而造成壓力最大原因，則是職場上的人際關係困境，占比近一半。[11]

然而，健康照護成本與病假，不過是無禮言行危害組織的方式之一。我與皮爾森教授曾舉辦過一場調查，受試者是來自十七個產業的管理者與員工，共計八百名。從調查結果判斷，我們發現無禮言行的接受者：

- 有48%會故意降低努力程度
- 有47%會故意減少工時

- 有38％會故意降低工作品質
- 有80％會因為不安而虛耗工時
- 有63％會因為不想遇見無禮之人而虛耗工時
- 有66％表示自己的工作表現下降
- 有78％表示自己對組織的忠誠度下降
- 有12％表示自己因為受無禮言行對待而離職
- 有25％承認自己會把怨氣出在客戶身上[12]

　　當組織因無禮言行而虧損或流失員工，通常不會有人注意到真正原因。員工如果遭到不友善對待而選擇辭職，通常不會向雇主說明原因。於是，離職成本便節節攀升，高階員工離職導致的損失約是一般員工年薪的4倍。[13]

　　接著，我們來看看無禮言行如何浪費管理者的時間，會計人資機構Accountemps做過一項研究，發表於《財星》（Fortune）。該研究顯示，財星全球前一千大公司的管理者與執行人員，上班時要花13％的時間調解員工關係，以及收拾無禮言行搞出的爛攤子。[14]也就是說，這些時間**根本沒有**被用在主要業務上，如策略發想、培養客戶，或是輔導員工等。萬一公司必須聘請顧問或律師來解決問題，成本更是會直衝天際。

　　無禮言行也可能導致銷售量下降，是一種對組織影響極大的隱性傷害。我跟馬欽尼斯（Debbie MacInnis）與薇樂莉（Valerie Folkes）兩位行銷學教授一起做過研究，最後發現並記錄了一種眾人皆知的現象，即顧客不喜歡無禮的言行。[15]在我們設計的實驗中，我們告訴受試者，有位行銷教授正在幫銀行設計校友信用卡專案。[16]我們派出兩名研究員扮演銀行代表，告訴受試者他們正在集思廣益，想設計出新的商標與財務替代方案。實驗過程中，有一半的受試者目睹銀行代表的無禮言行（A代表責備B代表沒有按順序展示信用卡樣品），而另一半則沒有目睹無禮言行。

我們想知道，當顧客親眼目睹公司員工互相攻擊，是否會改變他們對該組織、或其品牌的看法。結果顯示，絕對會！參與實驗，但沒有目睹員工互相攻擊的大多數顧客（近80%）都表示會使用該公司的產品。在目睹無禮言行的組別中，僅有20%顧客表示會使用該公司的產品與服務，該組更有高達三分之二的受試者表示，一想到要和這間公司的**任何員工**打交道，內心就會莫名焦慮。其中一名受試者甚至說：「就算他們給我錢，我也不想再靠近那間公司！」

實驗結果令我大吃一驚，我不知道顧客這麼厭惡粗魯無禮的言行。我本以為顧客看見員工犯錯時，有另一名同事朝他／她開炮，總有幾個人會心想：「**爽啊，活該！**」但我們完全找不到願意原諒開炮員工的受試者。被責備的員工是否能力有問題，或犯了什麼白癡錯誤（例如占用身障人士車位）根本不重要。

無論在什麼情境下，目睹無禮言行的顧客都不會認同這種粗魯的言行。

我們假設，顧客之所以討厭無禮言行，是因為這種行為會破壞消費體驗。我想，讀者在高檔餐廳用餐時，應該也不想看見某人被欺負吧？但其實，顧客其實也沒辦法接受無禮言行發生在看不見的地方。受試者認為，無禮在道德上是錯誤的，**沒有人**該遭受這種待遇。[17]

無禮讓人無能

顯然無禮言行對公司造成的損失相當可觀。但我與同事也開始懷疑，無禮本身是否會以一般人無法察覺的方式，影響人的思考能力，造成更深層的負面影響。艾瑞茲（Amir Erez）是佛羅里達大學的教授，專門研究管理學，我倆打算搞清楚此事，於是先是召集了一批大學生，將其分成兩組，其中一組學生會體驗一次粗魯無禮的對待（貶損所有大學生的言語），另一組學生則不會聽到這種評語。

每一組受試者的所處情境、遭受對待都是一樣的，都是由同一個研究員在相同的背景下，給予本質相同的中性對待或無禮對待，唯一不同的是行為的**場合**。在其中一個實驗中，受試者因為遲到被研究員粗魯地責罵；另一個實驗則會有一名陌生人會無禮地用言語攻擊受試者；我們會請受試者在下一個實驗簡單思考自己應該如何面對各種無禮言行。

在每一個人為控制的情境中，我們都會測試受試者的工作表現、創造力與助人行為。測量工作表現時，我們會要求受試者完成猜字謎（將某單字打散，再用同樣的字母拼出不一樣的單字）；測量創造力時，我們要求受試者腦力激盪出某個常見物體（如磚頭）的用途，針對其創意與提案變化度評分；測量助人行為時，我們會讓受試者有機會幫助研究員（如撿起掉在地上的鉛筆），並記錄他們是否會伸出援手。

我們發現，受試者就算只經歷過一次輕微的無禮對待，專注力也會下降，無法投入手邊的工作。[18] 在研究的第一部分，研究員會用言語貶低全體大學生，而非針對特定的受試者。結果顯示，受試者猜字謎的表現下降了 33％，在進行腦力激盪任務時，創意提案數量也少了 39％。進入研究第二部分，受試者在前往參加實驗的路上會遇到一名粗魯無禮的陌生人，斥責他們給教授添麻煩。結果顯示，受試者猜字謎的表現下降了 61％，在腦力激盪環節，被斥責的受試者所貢獻的提案還不到沒被斥責者的一半。就算受試者只是目睹無禮言行，字謎遊戲表現也下降了 20％，腦力激盪的提案數量則少了近 30％。[19]

根據這些結果，我們可以得知，無禮言行會使人失去認知資源（cognitive resource）、降低人的工作表現與創造力、成為工作的局外人。這時就算你想力求表現也是白費力氣，因為你已經受這些粗魯無禮的言行影響了。其實，你可能和我一樣，早就親身體驗過這種感覺了。

在我目前任教的大學中，有一位權力特別大的教授，有次他在派對上猛然出現在我面前，刻意用極大音量朝我喊道：
「你他媽取的這是什麼爛書名！」我頓時僵在原地，一句話也
說不出來。接下來我有好幾個月都無法專心工作，思緒總是會
回到那天的場景，並問自己：「我是不是做錯了什麼？他會不
會讓我在學校混不下去？我當時應該勇敢為自己發聲嗎？下
次再遇到他，我該如何應對？」我浪費太多時間去思考這些問
題，過程相當痛苦，對我的工作也沒有絲毫幫助。

停止思考的毒藥

　　也許你會認為我對那件事太敏感，覺得應該「過了就算
了」。但面對粗魯無禮的言行，我們真的能「過了就算了」嗎？
我跟同事也想知道答案，所以設計了一項實驗。[20] 首先，我
們會給受試者一些詞組，並要求他們造句（從五個詞中選四個
詞造出一個句子）。有一半的受試者會收到帶有粗俗無禮意涵
的詞，如「挑釁地」、「大膽」、「打擾」、「討厭的」、「煩人的」、
「打斷」等。舉例來說，這組受試者可能收到「他們／她／打
擾／看見／經常」的詞組，經過重組可以變成「他們經常打擾
她」。另一半的受試者也要完成相同任務，但他們收到的詞是
中性的，沒有粗魯無禮的意涵，如「贈送」、「手錶」、「頻繁地」
等，例如「他們／她／贈送／看見／經常」，重組後會變成「他
們經常看見她」。

我們想知道，光是想到無禮言行是否就會使人無法專心，進而「忽視」關鍵資訊，於是便借用了心理學家西蒙斯（Daniel Simons）與查布利斯（Christopher Chabris）的「隱形大猩猩」手法。[21]等受試者完成上述詞句重組遊戲後，我們會要求他們觀看一群人傳接籃球的影片，並計算籃球被拋接的次數。影片播到一半時，一名穿著大猩猩戲服的人，會從畫面一端走到另一端。受試者會在影片結束後寫下拋接次數，而讀過無禮字詞者忽視大猩猩的機率會比未讀過者高了**近5倍**。*

也就是說，人無法光憑意志力讓無禮「過了就算了」。粗魯無禮的言行會悄悄影響大腦，使我們無法專注。

此外，我們也想知道，在認知過程持續發展的進程中，這是否會導致更多崩潰現象，打亂人的執行功能（人類認知系統中掌管計畫、發起活動、決策、過濾不必要資訊的部分）。我們設計了另一項實驗，要求受試者按順序記住電腦螢幕上的出現的字母。接著，我們會要求受試者完成幾道數學題目，再請他們回想剛剛在螢幕上看到的字母順序。實驗結果顯示，在詞語重組環節中見過粗俗詞語的人，比較難回想起字母資訊，正確率比先前沒看過粗俗詞語的受試者低了17%，口說測試表現低了86%，做數學題目時的錯誤率也高了43%。

---

* 在原版實驗中，研究員發現受試者觀看影片計算某個孩子傳接球的次數時，會因為太過專心而忽略突然加入的大猩猩。

　　沒注意到大猩猩、算錯數學當然無傷大雅，但如果醫護人員被無禮言行搞得心神不寧，那就攸關生死了。一位醫師和我說過這種事：某督導醫師把值勤中的醫療小組罵了一頓，後來該小組完全忽略**病歷卡上**的重要資訊，不小心在病患身實施錯誤的療法，導致病患死亡。要說這起醫療事故純屬巧合嗎？我認為不盡然，有項研究（受試者為四千五百名醫師與護理師）顯示，71％的受試者認為侵擾行為（即「帶污辱性的個人行為」，包括態度高傲、辱罵或粗魯無禮的行為）與醫療疏失有關，另有27％的人認為不良行為與病患死亡有關。[22] 另一項研究（受試者為八百名外科醫師主管）指出，有70％的受試者表示自己任職的醫院至少每個月都會發生一次侵擾行為，更有高達99％的人認為，院內的不良行為對病患護理有不良影響。
[23]

　　研究人員經過實證，發現醫療環境中的無禮言行，確實有損醫護人員的表現。在以色列，有來自四個新生兒加護病房、共計二十四支醫療小組受邀參加提升照護品質的訓練營。在某訓練環節中，小組必須治療因感染腸道疾病而突然健康惡化的早產兒（為模擬情境，研究中沒有嬰兒受傷）。醫療小組必須診斷出病症並施以合適的療法，包括心肺復甦術。研究員會事先告訴醫療團隊，有一位來自美國的專家會透過攝影機監看訓練過程，且會適時提出評語和建議。這位「專家」其實是一名研究員。有半數醫療小組接收到此專家的中性回饋，內容是關於使用模擬情境進行訓練與實作的重要性，不包含評論其表現。另一半的醫療小組則被批評得狗血淋頭，專家甚至還說以色列醫療照護的「水準堪憂」。

研究人員將模擬情境全程錄影，並交由公正的裁判評估。遭言語污辱的組別，在**所有**診斷或療程表現的評量得分都偏低，大大降低新生兒的生存機率。原因是遭言語污辱的小組無法即時分享資訊，也不再向團隊成員求助。[24]

這也是我在研究時不斷看見的現象，也就是當人缺乏心理安全感時，通常會在不自覺的狀態下，進入封閉模式。進入此模式後，人就會變得不願尋求與接受回饋，也不太會去嘗試新事物、談論錯誤，以及提起可能或實際存在的問題。[25]即使令人懼怕的人不在現場，他們依舊會抱著負面情緒做事，無法發揮實力。

一旦無禮的言行出現，人們心中便容易產生負面想法且久久不散，最終轉化成負面行為。我在這些年來的實驗中發現，一旦人們暴露在粗魯無禮的言行下，願意助人的可能性會**降低3倍**，分享的意願也會降低超過50%。[26]這不無道理，當人們的行為變得惡劣且引人不快時，負面感受便會漸漸蔓延，導致不良行為升級，有時甚至會演變成攻擊。我就在自己輔導的公司中目睹過這類事件。一支外部顧問團隊正在向某大型製造公司提出建議，語帶輕蔑，讓後者的高階主管十分不爽。雙方開始針鋒相對，展開人身攻擊，最後有個主管喊道：「來，去外面講！」只見一群西裝革履的白領大步邁向停車場，活脫就是美劇《我們的辦公室》（*The Office*）的拍攝現場。最後，一個頭腦還算清醒的人跳進來打圓場，才暫停了這場西裝全武行。你覺得自己在目睹這件事後，還能專心工作嗎？

研究員已經詳實紀錄了無禮行為會在人類大腦中激起負面情緒與攻擊性。

下面是給讀者的練習題，請問你可以用這6個字母拼出什麼單字？

remdue = ＿＿ ＿＿ ＿＿ ＿＿ ＿＿ ＿＿

答案是「demure—端莊」，你腦中是否閃過了「murder—謀殺」這個單字呢？我們的研究指出，當受試者在進行拼字任務前，曾目睹過無禮的言行，就會有**高 8 倍**的機率拼出謀殺。[27]

我們能否承受這些損失？

體驗過粗魯無禮的言行的人，通常都會和我父親一樣選擇默默承受，認為自己挺得過去，而且不願和惡劣的環境同流合汙。但事實證明，無禮的言行總有辦法讓人失控，使人無法發揮實力。我做過許多相關研究，每次都得出相同結論。員工就算只是目擊也會受到影響。無禮的言行會把人體內的某種能量吸走，使情緒忽高忽低。

我們的認知資源會被榨乾，就連身體健康也會遭到蠶食，最終變成殘缺的自我，完全不像原本的自己。

如果你是無禮言行的受害者，千萬別不當一回事，看似毫不起眼的言語和舉動對於個人、甚至團隊都有莫大的影響。我們應該認真看待無禮的言行，否則我們造成（或遭受）的傷害可能會在未來毀掉自己。

本章重點

- 無禮言行對個人與企業造成的損失超乎你的想像。
- 無禮言行的受害者很難再次全心投入工作。
- 顧客會嚴格對待不文明的公司，甚至在沒有目睹的情況下也是如此。
- 無禮言行會影響人的思考能力，讓受害者直接忽視眼前的資訊。
- 即使是沒有被無禮行為直接影響，有些人的想法也會變得異常、或具攻擊性，而且可能完全不知道成因。

第 3 章 ————————————————

有禮走遍天下

「禮貌不花你半毛錢，卻能買到一切。」

—— 蒙塔古夫人（M. W. Montagu），英國作家

　　凱莉（Terri Kelly）是高科技布料製造商戈爾有限公司*的執行長，我第一次見到她時，完全沒料到她居然如此低調。凱莉拖著行李箱，獨自走在南加州大學校園中，準備到會場演講。一般來說，大企業高管身邊應該都帶著一票助手（戈爾絕對算得上大企業，旗下有一萬名員工，年營業額達 30 億美元），但凱莉只有一個人，沒有保全或私人助理瞻前顧後、為她帶路，也沒有華而不實的排場。當她問我會議廳的方向時，我只看見一個謙虛有禮的人。她不想讓自己顯得高人一等，也不想炫耀自己的地位，整個人活脫就是禮儀的化身。

　　當天我也去聽了凱莉的演講，在得知她當上公司執行長的

————————————

*　　W. L. Gore and Associates，首創防水透氣面料 Gore-Tex 的公司。

　　故事後，對她更加刮目相看。凱莉於 1983 年加入戈爾，當時的職稱是產品專員，並一路高升到產品組的主管職，最終成為全球布料部門經理。

　　2005 年，戈爾時任執行長退休，董事會舉行跨部門調查活動，詢問員工心中的新繼任人選是誰——這就是戈爾企業的運作方式，只要誰有能力贏得同儕的尊重，誰就能成為領導者，公司裡所有人都可以被提名為下一任執行長候選人。凱莉和同事們一起奮鬥了二十年，而同事們提名她作為候選人。面對同事厚愛，凱莉表示「我當時嚇死了」，並說公司裡有許多更資深、更有資格的候選人都在爭取這個位置。凱莉最終脫穎而出的原因很單純：員工認為她是一個值得尊重的領導者，也懂得團隊合作的道理，因此發自內心**想要**追隨她。由此可見，有禮的言行不只可以贏得人心，也能創造影響力。出乎我們所料，最終拿下勝利的，大多時候都是好人。

　　行文至此，我們都在討論無禮的言行，即令人感到粗魯無禮或不尊重的行為。於是我們可能會認為，只要自己不粗魯也不無禮就可以算是個文明人。但這其實是只是在灰色地帶，充其量只算是不傷害他人。當個文明人必須付出更多，如表現出尊重、尊嚴、禮節或具有善意的正向行為，並且拉身邊的人一把。請回想我在前言提過的：你的行為可以打壓他人，也能拉人一把。然而，不打壓他人並不代表幫助他人；不排擠對方也不等於激勵對方發光發熱。

　　文明人的行為雖然包括好好待人，但也必須能顯現出尊重他人的欲望。我們對人好，不只是有求於人，或單純考量到組織利益。我們之所以做出禮貌的行為，是為了符合相互尊重與禮貌的常規。我想，凱莉的溫暖、友善與仁慈跟所有文明人一樣，都是為了同一個目標：打造一個眾人都能被關注、被照顧、被滋養的環境。

　　在職場上，禮貌行為可以是極微小的舉動。

　　同事在走道上微笑問候彼此；合夥人**請**助理幫忙處理一些事情，並**感謝**她的協助。上司如果想展現文明人的一面，可以放下頤指氣使的態度，邀請旁人加入對話，也可以表揚部屬的功績。在某場訪談中，凱莉聊到自己刻意待人的方式：「我們公司與其他企業不同之處在於，領導者會恪守言行分際。領導者之所以存在，全都是同事的支持，這點領導者自己也很清楚，所以必須每天努力贏得眾人支持。他們不是主導公司的人，也不是發號施令的人，他們要做的是說服大家，讓大家知道我們所為何事，讓組織能順利運行。」[1]

　　此外，凱莉還觀察到一件事，那就是領導者要更重視自己的「缺點、行為，以及對他人的影響」。他們應該表現出「平易近人且真誠」的樣貌，也必須身體力行、實踐公司文化，並用行動傳達公司的理念。[2]

　　然而，並非所有人都認為領導者應該關心員工的感受，義大利政治學家馬基維利（Machiavelli）說過「想讓人服從於你，

就得先學會發號施令」，以及「使人恐懼比受人愛戴更能鞏固
地位」等名言金句。[3]我認識不少專業人士，其中不少人都同
意這些觀點，並坦言自己懷疑禮貌言行是否能帶來回報。他們
擔心自己若以禮待人，對方便不會再尊重自己的權威，他們堅
信自己一**定要**夠強硬、夠嚴肅、夠疏離、夠盛氣凌人，或是夠
粗魯無禮才能脫穎而出。我做過一份調查，其中有近40％的
人表示，他們擔心自己在工作場合上太善良會被占便宜，更有
近一半的人認為，裝出一副不好惹的樣子能讓自己獲得權力。
[4]但從凱莉的故事中，我們可以發現，領導者的確可以**因為**禮
貌的言行，以及他們待人的方式而成功。[5]

無禮也能成功？被時代淘汰的舊觀念

　　我和范德比大學的甘迺迪教授（Jessica Kennedy）想搞清楚，
禮貌的言行究竟會讓人**喪失**地位或權力，還是能**鞏固**優勢。我
們的實驗將受試者分為兩組，每一組都會被分到一篇情境敘
述，受試者必須閱讀此敘述。第一組分配到的敘述文主角是一
名優秀的醫師，名叫詹納，他因行為問題被團隊成員投訴。我
們向受試者描述一起有關詹納醫師的事件，有次助理在進行旋
轉肌手術時失誤，於是他就發飆了。雖然助理道歉並說明了事
件原由，但詹納醫師卻說：「你是廢物嗎？你的失誤害病人的
神經永久受損了！你給我滾出手術室！」

我們還告訴受試者，詹納醫師會和麻醉師爭吵，心情不好時會找護理師麻煩。但我們也讓受試者知道，在詹納的指導下，住院醫師最後都能選擇自己心儀的工作。他們也知道，雖然詹納醫師對待醫護人員既刻薄又無禮，卻深受某些董事會成員青睞，而情境敘述對詹納的總評是「詹納醫師極具個人魅力，專業知識與吸金能力無與倫比」。

另一組受試者讀到的情境大同小異，唯一的不同的地方是，詹納醫師總以禮貌的方式處理問題。他從不曾因行為問題遭人投訴，聽完手術助理的道歉後，他說：「你向來能力不錯，但現在病患神經永久受損，我們要再討論是不是程序出了問題。你今天先回家吧，但明天我們要好好談一談。」我們還告訴受試者，詹納醫師從不和麻醉師爭吵，即便心情不好，對待護理師的態度也相當和善。兩個情境內的詹納醫師都一樣，帶出來的住院醫師都可以選擇自己想要的職位，董事會成員中也有不少人欣賞和善有禮的詹納醫師。

我們請兩組受試者就社會地位，分別給「受人敬重的詹納醫師」，以及「粗魯無禮的詹納醫師」評分。比較兩組結果後，我們赫然發現，尊重他人的詹納醫師在社會地位，以及是否值得尊重與敬佩的評分更高，而且差了不只一點點，禮貌的詹納醫師的社會地位高了36％。由此可知，馬基維利的名言：「使人恐懼比受人愛戴更能鞏固地位」，這種說法已經**過時**了。[6]

在第二項實驗中，我們重寫敘述文字，淡化兩位醫生的行為，不讓風格太過鮮明。在文明情境中，我們把詹納醫師描繪成一個喜歡微笑，且會肯定他人成就的人，提問時的語氣相當謙遜。在不文明的情境中，詹納醫師成了一個喜歡皺眉、拒絕肯定他人成就的人，發問時語氣總是帶著攻擊性。雖然兩人的言行舉止都沒特別戲劇化之處，但受試者還是認為，禮貌的詹納的社會地位比另一位高了78％，也覺得他更像領導者（高1.2倍）、更有能力（高23％），更重要的是，禮貌的詹納顯得更有權力（高16％）。[7]實驗結果再次證明，禮貌不會讓你在他人眼中顯得沒有權力，而是會讓你看似權力更大。

事實是，禮貌比能力重要

你可能想知道，言行舉止有禮的人事業是否一帆風順，或是工作表現較好。答案是肯定的！[8]

大家都喜歡和文明人合作，試想一下，當你要請同事幫忙，你會找人比較好的那位，還是能力不錯，但言行粗魯無禮的那位呢？大多數人都會說要選能力較好的同事，畢竟能力決定一切。然而，說歸說，大家的身體還是很誠實的。

曾有人針對一萬多段職場人際關係做過研究，並發現在計畫與同事合作時，員工都會先問自己「和他／她共事愉快嗎」，而不是「他／她能力好不好」。[9]若你平時以禮待人，大家自然會期待跟你一起做事，久而久之，你的好名聲也會傳開來，也會有更多人將你視為合作首選，捨棄掉有能力卻不夠禮貌的同事。[10]

　　我發現，大學在挑選終身職教授時，會將禮貌行為當作重要考量。也就是說，他們不會選擇難搞又自大的明星教授，而是會優先考量教學品質佳，且言行有禮的候選人。此外，我還發現，法律事務所與醫界在招募資深律師與醫師時，也會遵循類似的篩選模式，畢竟這些可是重要的長期職位，應該不會有人特地找個粗魯無禮的人當自己的同事。如果合作處理的是關鍵專案，那共事對象是不是文明人也就至關重要。某間顧問公司在經歷過數次合併後，決定將運營重點放在留住懂得跨領域團隊互動、跨國溝通的文明人才。若應聘者既沒有優秀的溝通技巧，也不具備善良且尊重他人的思維，該顧問公司便完全不會考慮投資他們。

　　一般來說，言行禮貌者更能輕鬆建立範圍廣、產值高的事業網路。在這個社群媒體掛帥的年代，所有人都認為自己必須夠活躍、夠忙碌，才能建立廣泛的網路。或許現實真是如此，但禮貌也是決定因素之一。我們的研究顯示，當大眾覺得某人的行為有禮，此人就越有可能在網路中占據關鍵地位。這一類人會成為想法、資訊，以及人際網路的樞紐，在組織中也能以更有效的方式打破藩籬。[11]越懂得尊重他人，就越可能獲得人脈網路與人際關係紅利，而非文明人則會被網路拒之門外，無法得到任何資訊、建議與工作機會。我做過一項研究，發現比起不文明的人，受試者舉薦文明人的機率高了 1.2 倍。[12]

　　禮貌行為還會帶來其他好處，假設你想在企業內高升，首先就要讓所有人把你當成領導者看待。我曾和薩里大學的格巴西教授（Alexandra Gerbasi），以及安地斯大學的叔奇教授（Sebastian Schorch）合作研究，發現人們常會將有禮與領導特質連結在一起（該研究中的有禮定義為，以禮貌、體面和客氣話待人）。根據我們在某生技公司進行的研究，被員工視為文明人的人成為領導者的機率比非文明人高了 2 倍，工作表現也高了 13%。[13]

　　我們也可以將禮貌的言行，當成判斷領導者是否**優秀**的指標。一項國際研究顯示，在優秀領導者應具備的各種特質中，受試者（共有七萬五千名）將「關心人」、「願意合作」、「一視同仁」三項評為最高分。[14]此外，我也做過一項調查，對象是範圍遍及全球的兩萬名員工，結果顯示，最能彰顯領導者特質，並提升員工忠誠度與參與度的行為就是「尊重他人」。[15]前項研究的作者群分析了六十九項前人的研究結果後，指出「與過去相比，現今的領導者特質似乎包含了更多女性化的關係特質，如敏感、溫度與同理心」。[16]

　　當然，一個人是否能爬上更高的職位還是基於工作成果，但禮貌的言行絕對能成為優秀助攻。研究指出，禮貌的小舉動可以提升人的工作表現，如感謝他人、仔細傾聽、以謙虛的態度提問、肯定他人、分享功勞，或是微笑。於此同時，看似無關痛癢的無禮之舉，則會降低你的工作表現。舉個例子，當病患認為醫師的護理方式不佳，**且**對醫師的行為感到不滿，便很有可能會提起醫療失當的訴訟。有研究員比較常被起訴的醫師，以及從未遭起訴的醫師，發現後者會花時間與病患建立默契，與病患談話的平均時長也多了三分鐘。其實兩種醫師給病患的資訊量或服務品質雷同，所以關鍵在於醫師與病患說話時的**態度**。文明的醫師會教育病患，臉上的微笑跟幽默感也更多一些，除了向病患提問，也會謙虛地採納病患的意見。[17]

安芭迪（Nalini Ambady）曾是史丹佛大學心理學教授，她與同事錄下了一些外科醫師與病患間的對話短片，接著請數名裁判觀看這些片段，要求他們就對話的溫度、敵意、控制性、焦慮程度，替幾位醫師評分。而根據這些評分，研究員便能正確預測哪些醫師會被起訴，哪些醫師不會被起訴。[18]葛拉威爾（Malcolm Gladwell）在著作《決斷 2 秒間》（*Blink*）中洋洋灑灑地總結了此現象，並寫道：「乍聽之下，醫療失當好像是很複雜的概念，是一個涉及諸多面向的問題。但追根究柢，一切都與尊重兩個字有關，而表達尊重最簡單的方式，就是透過語氣。對醫師來說，最能破壞醫病關係的語氣就是高高在上的態度。」[19]

讀者可以自問，若你是研究中的醫師，**你**會得幾分？你是否會成為法庭上的被告？如果答案是肯定的，那真的要改改自己的行為。

一加一大於二，文明的團隊更有價值

　　截至目前為止，我都在討論個人，但研究顯示，禮貌言行也能提升團隊與組織表現。一項以跨職能產品團隊為調查對象的研究指出，當領導者以公正的態度善待團隊成員，那麼個人與團隊產值都會提升。[20] 不僅如此，員工也更可能主動完成職責之外的任務。

　　這種現象完全是由上而下的。如果領導者有禮，團隊的績效與創意會更高，[21] 較有提早發現錯誤、採取對策的空間，[22] 並降低員工的情緒耗竭。[23]

　　以好市多（Costco）創辦人辛尼格（Jim Sinegal）為例，他知道顧客與員工比公司股東重要，所以會特地到門市巡視，與員工和顧客打招呼，此舉讓員工倍感重視。此外，他還要求公司尊重員工，給薪水絕不手軟 —— 好市多給員工的平均時薪是二十·八九美元，比沃爾瑪（Walmart）多了65%。[24]

　　最後，好市多對員工的投資（包括工讀生醫療福利）也有回報，據吉姆所言，「我們現在坐擁十二萬忠心宣傳大使，到處誇獎好市多，對公司來說是莫大的優勢」。[25] 好市多員工創造的銷售數字是山姆會員店的2倍。此外，他們在職的時間也更長。從業界標準來看，在好市多工作滿一年的員工流動率非常低，而這樣的低流動率一年可為好市多省下好幾百萬美元的成本。還有，好市多的員工竊盜率也是業界最低。[26] 在2003

至 2013 年間，好市多的股價上漲了 200%，而沃爾瑪卻只有
50%。[27]

　　所有尊重員工、照顧員工的政策都有利於企業。而從我
設計的實驗看來，即便只是微不足道的禮貌之舉，也能在團隊
與組織中形塑正向且具附加價值的行為。在一項研究中，受試
者更願意（高 59%）與懂得尊重人的對象分享資訊、更有可能
（高 72%）向他們尋求意見，也更可能（高 57%）向他們打聽
資訊。[28]

　　禮貌的言行之所以能提升團隊功能，是因為員工會感到
更安全、更開心，整體來說會讓員工的感覺**變得更好**。在我先
前提到兩萬多名員工研究中，覺得受領導者尊重的員工表示，
自己的身體狀況更佳、幸福度更高（高了 56%）、對工作的享
受度與滿意度更高（高了 89%）、專注度與輕重緩急的判斷
力更好（高了 92%）、更能感受到工作的意義與重要性（高了
26%），並且更能投入工作（高了 55%）。[29]

　　禮儀之所以能夠提升團隊表現，最重要的因素之一就在於
增加成員的「心理安全感」——讓他們認為這個環境值得信任、
尊重、安全，於是願意在此冒險。我的一項實驗結果顯示，人
們在得到禮貌建議的狀況下，心理安全感會比無禮的建議（典
型行為像是：說話被打斷）提升了 35%。[30] 也有其他研究指
出，心理安全感能提升團隊的整體表現。Google 研究了旗下
逾一百八十個團隊後發現，相較於團隊**由誰**組成，更重要的是

成員間的互動、組織工作、看待彼此成就的**方式**。在心理安
全感指數較高的團隊中，成員更可能採納隊員的點子、離開
Google的機率也更低、為公司創造的收益更多、也更常（2倍）
被上級評定為績優。[31]

別讓無禮成為敗筆

　　微軟的人才與組織能力總經理羅絲泰特（Vicki Lostetter）曾
對我說：「績效指的並不是你做了什麼，而是你做事的**方式**，
這才是關鍵所在。」本章提及的各種研究也證明了，若你想影
響自己身處的產業，並將職涯發揮得淋漓盡致，那就拒絕粗魯
無禮，當個懂得尊重的人。新英格蘭超連鎖市購物籃（Market
Basket）執行長戴莫拉斯（Arthur Demoulas）深諳禮貌的好處，他
努力記下公司兩萬五千名員工的姓名，並在造訪門店時親切地
問候他們。[32]即便經濟不景氣，戴莫拉斯依舊付給員工高於
最低薪資的薪水，還堅持原有的分潤計畫。[33]當他被公司裁
員時，上千名員工與顧客走上街頭為他平反。阿瑟在眾人支持
下，從董事會主席（戴莫拉斯的親戚）手上買斷公司股權，奪
回控制權。[34]事後戴莫拉斯表示：「如果可以在職場上做到
人人平等，所有人都能得到應有的尊嚴，他們工作時會懷抱更
多熱情，也會更加投入。」[35]

　　聰明、有見識、有人道思想者都贊同禮貌的言行。走上文

明人之路，你不只能成為一個好人，**還能**超越其他人。天底下還有比這更好的事嗎？大家會更支持你，也會更努力為你賣命。

你可能會反駁，說有些領導者即便粗魯無禮，卻依然功成名就。我會告訴你，這些人成功的因素**絕非**無禮。研究指出，不注意他人感受、嚴厲或霸凌式的風格，就是與領導者失敗最高度相關的前兩名人格特質，第三名則是冷漠或自大。[36]當然，權力可以迫使人服從，但不注意他人感受或不尊重人的態度，卻會使人在關鍵時刻倒戈。員工也可能不與你分享重要資訊，或不肯全力以赴，不願提供資源。不文明的領導者可能會立刻遭到報應，也可能毫無防備地嚐到苦果。而此時，沒人能分得清員工的行為是刻意為之，還是由潛意識驅使。

無論你的身分是執行長、團隊領導者，或是想改變現狀的員工，眾人都會從小事評斷你這個人，所以請務必善用每個細節。與人交流時，你可以選擇拉對方一把，或是打壓對方。**你想成為哪一種人？**

勇敢一點，放手嘗試禮貌的言行。我敢打賭，身邊的人一定會喜歡你的改變，連你自己也不例外。

本章重點

- 受尊重者會感受到自己的價值與力量，禮貌的言行可以扶持他人，也能連帶扶持團隊與企業。
- 微不足道的禮貌言行可以改變一切。
- 粗魯無禮的言行並非成功的原因。

第 4 章

無禮的高傳染力

「如果禮儀規範被打破，就很難再恢復善良與體面了。」
——塞繆爾·詹森（Samuel Johnson），英國文豪

　　我在前言中提過，我曾為某國際運動品牌創辦體育學院，而這段工作經歷可說是一場噩夢。學院附設了一間設備齊全的健身房，供專業運動員與學院成員訓練用，我每天也會提早到健身房，和朋友、同事、教練、訓練師和公司管理人員一起運動。有時候，我們最討厭的主管級人物也會出現，而他一踏進健身房，就會質問體適能總監為什麼要放這麼嗨的音樂，並用廣播系統飆罵：為什麼不播那個主管愛聽的？（順待一提，領導者愛聽貝瑞·懷特〔Barry White〕，但實在不太適合跑步跟啞鈴訓練）。

　　他就這樣罵個不停，好像可以持續到天荒地老，而且還是當著所有人面前，完全不在乎體適能總監的老婆也在場（他老婆也是公司員工）。最後總監只好衝回辦公室，改播其他音樂，

盡快平息風波。幾分鐘後,貝瑞·懷特悠揚的嗓音便迴盪在整棟大樓。

但主管好像還是不領情,繼續朝總監開火。在場的人都尷尬到不行,一直到他離開,大家才鬆了一口氣,但也都沒心情繼續運動了。而現在甚至都還不到六點半,所有人的一天就這樣被毀了。

我常帶運動員到體適能中心接受特殊訓練,並發現一個現象:主管當日如果特別粗魯無禮時,輔導運動員的教練和訓練師就無法進入最佳狀態。即便他們不是言語攻擊的直接受害者,也會無法集中精神、工作時毫無動力、脾氣也會變得暴躁。這種狀態也會影響運動員的體驗,令**他們**表現失常,情緒低落。有時候,他們會如管理者一陣亂罵,或把氣出在餐廳員工身上。而跟暴躁的運動員一**起用餐的人**,也會感染到這種不好的氛圍,情緒漸漸變差。

不少人認為粗魯無禮的言行不會擴散,只會影響某個人,或是只在某段交流中出現。但無禮就像病毒一樣具傳播性,讓暴露在其下的人感到異常難受。舉例來說,在某間企業的總部,無禮言行可能首先出現在某間辦公室,接著便會快速蔓延到走廊,然後往上竄三層樓,再潛入休息室,感染某個可能要直接面對客戶與顧客的員工。若抱持放任的態度,無禮的言行會拖垮整個組織,使所有人失去善良、耐心、幹勁、幽默感,總之就是一種**減法**。

釀成瘟疫的「漣漪效應」

　　或許你不知道，但我們每個人都能影響他人的情緒，方向可以是好，也可以是壞。在克里斯塔基斯（Nicholas Christakis）與福勒（James Fowler）合著的《連結》（Connected）中，他們告訴讀者，快樂並不會只局限於兩人之間，而是會影響一個人和他的朋友、朋友的朋友，以及朋友的朋友的朋友。[1]同理，如果你朋友的朋友的朋友感到快樂，你也會受影響。曾有人研究男性板球球隊，發現球員間的快樂會互相影響，而當許多球員都感到快樂時，球隊的表現也會進步。[2]此處對快樂的定義並非僅限於深層、個人的連結，頻繁的、表面的、直接的互動也能影響快樂的感受。

　　有禮的傳染途徑和無禮一樣，看似毫不起眼的善良之舉或粗魯行為，都會在社群引發漣漪效應，[3]影響我們社交網路中的節點，而不論我們是否會直接和這些人互動。

　　即便我們並非直接目標，但在目睹各種形式的無禮言行時，就算不是明確的意識到，依然會感受到粗魯和無禮的存在。[4]此時，我們大腦中的某個節點會活化，並快速傳遍整個神經網路，抵達鄰近的其他節點。[5]舉個現實生活中的例子，一封用詞粗魯的電子郵件可能會活化你大腦的神經節點，而這些節點又與你目睹不禮貌言行的回憶有關。於是，這些被活化的概念（即粗魯、無禮、無禮言行）就會變得更容易存取，進而出現在你的腦海中，影響你的判斷與決策。

　　1970年代，洛塔斯（Elizabeth Loftus）與帕爾默（John Palmer）進行了一項實驗，解釋為何某些人會對粗魯無禮的言行特別敏感。他們向一組受試者播放多段車禍影片，並在每段影片播完後，要求受試者估算兩車碰撞時的時速。接著，他們也問了另一組受試者類似的問題，但是將動詞「碰撞」，換成更嚴重的詞語，如「撞爛」、「衝撞」。結果不出意料，相較於句中包含低速動詞的問題，受試者在回答句中包含高速動詞的問題時，給出的時速較快。兩位實驗作者提出的假設是，透過字詞選擇，我們可以使人的腦中更容易出現高速的概念，進而影響他們對情境的評斷。[6]

　　若把場景換到辦公室，近期才被無禮言行折磨的員工可能會對粗魯言行有更強烈的感受。他們之所以會這樣，並非因為他們是「高敏人群」，而是因為過去的經歷使然，令他們對禮貌更敏銳。

滲透你的潛意識，影響你的決定

　　一般來說，人類的大腦相當敏感，很輕易就會受無禮的言行影響，即便只是一個不好的詞語也能改變我們的行為。邁阿密大學心理學教授卡維爾（Charles Carver）與同事做過一項研究，他們告訴受試者這場實驗與「學習」有關，他們的任務是要透過獎懲制度（回答正確獲得獎勵，回答錯誤遭到懲罰），「引導」另一位受試者（真實身分是研究員）。懲罰的方式是電擊，時長由受試者自己決定。（當然，實驗並沒有真的電擊，沒人因此受傷。）

不過，就在研究員快要講解完實驗規則前，會有另一名研究員走入房間，告訴受試者自己只差一步就可以完成碩士論文，但她的受試者卻無法到場完成表格，所以希望大家能幫忙填寫。大家都同意協助，卻不知道研究人員在文件內容上動了手腳：其中一些表格包含不友善的詞語（如「粗魯」、「惡化」等），其餘表格則沒有。填完表格後，受試者便接著進行所謂的「學習實驗」，向「學習者」施以「電擊」。

你覺得接下來會發生什麼？讀到不友善詞語的受試者，向學習者施加電擊的時間更長。[7]當一個人暴露在充滿敵意與攻擊性的環境下，他的行為也會改變。無禮的言行會偷偷進入潛意識，因此，我們也不難理解無禮行為的成因與傳播方式。

當然，大多數人在工作時，應該都沒有機會電擊同事，但我們卻總是能找到時機打斷別人的發言。我設計的調查顯示，打斷別人發言是公認的老闆特色。[8]在另一項研究中，研究人員想知道哪一種情況的受試者在長時間對話時更常打斷對方，因此讓一組受試者先接觸禮貌性字詞（如「客氣」、「有禮」、「體貼」、「欣賞」、「和藹地」等），另一組則接觸有粗魯意涵的字詞（如「打擾」、「擾亂」、「煩人」、「打斷」、「討厭的」

等），在。研究相當驚人，接觸過粗魯意涵的字詞的人，有67％的人會打斷說話者，其中有些人使用的方式極具攻擊性，而接觸到禮貌性字詞的人，只有16％的人選擇插話。[9]

　　當有人用粗魯無禮的言行對待你，並不表示你一定要以牙還牙。遭受無理的對待後（例如之前提到的健身房事件），你可以把禮貌當成回應，而禮貌的回應則會「覆蓋掉」對方粗魯的言行，降低此事對你的影響力。因此，當下次你目睹，或是遭受粗魯的待遇，你要做的就是「重新設定」腦袋，刻意讓自己接觸到一些正向的事物。在體育學院，我的做法是和友善的同事聊聊，或是讀封言詞充滿正能量的電子信件。這些正向的行為不只能舒緩心裡的傷，還可以使你對不文明病毒免疫。（想知道如何處理不文明情境，請見第14章。）

隔離策略

　　我最近才和某公司的執行長聊過，他說公司有位高階主管對待員工的態度極差，讓他不知如何是好。一方面，員工都很厭煩這位主管的行為，執行長也認為，如果對方繼續待在公司恐怕會造成更嚴重的後果。但另一方面，這位主管替公司賺進了大把鈔票，在業界小有名氣，要是沒有他，公司不可能發展到現在這等規模。此外，這位主管也是執行長的老友，曾在工作上幫了他很大的忙。權衡利弊後，執行長決定先讓這名主管休假，因為他希望組織能恢復元氣，蓬勃發展。而要達成這個目標，他就必須從工作環境中，徹底剷除不文明病毒。

等這位主管復職後，執行長又禁止他與員工互動，其實就是將他置於一個被隔離的環境。於此同時，執行長也和公司員工表明，他們無須再忌憚這名主管。雖然該主管依舊是公司員工，但再也無法對人伸出魔爪。

我見過不少公司使用「隔離」策略，通常效果都不錯。我曾和某名列財星全球前五百大企業的科技公司合作，他們當時收購了一間較小的公司，協助商品開發工作。然而，這間被收購公司的創辦人行為惡劣，和公司內的員工鬧得很不愉快。於是他們決定取消收購，但又發現這間小公司握有關鍵技術，便決定再次收購。只是這次，他們將母公司設為禁區，不准那間小公司的人進來攪局。正因為他們見識過不文明病毒效應，所以才不願再將自己置於險境。

長達數年的負面影響

請不要將隔離策略當成治療無禮言行的仙丹，雖然這可以暫時壓制不文明病毒，但它依舊會潛伏在我們體內、銘刻在我們腦中。哈洛威爾（Edward Hallowell）曾說，「負面回憶會如影隨形地陪伴我們，時間長達數年」，他稱這種現象為「大腦烙印」（brain burn）。[10]當一個人感受到粗魯無禮的言行，湧動的情緒會導致諸多生理反應（如心率上升、呼吸頻率不穩等），並引發強烈情緒。憤怒、恐懼與悲傷也會隨之而來，淹沒無禮言行的受害者或目擊者，在他們的內心與身體留下傷疤。面臨這類情境時，人體會釋放大量腎上腺素，流遍全身，在大腦燒出一個洞，形成永久性「紋身」。此現象一旦發生，我們便永遠無法忘記這些強烈的情緒，光是目擊無禮的言行，便會重新點燃過去的感受。

　　我近期回到昔日工作的健身房看看，發現自己依舊能想起過去的不愉快，且畫面異常鮮明。雖然我跟同事有過許多愉快的回憶（健身、感恩節足球賽、難忘的慶生活動等），但我的思緒總是會飄回那些不堪的事件。而我甚至不是粗魯言行的受害者！即便過了二十年，我依舊可以清楚地描述事情的經過。

　　科學家已經知道，人腦中的杏仁體專司情緒反應觸發。[11]若某位員工的座位離上司辦公室很近，而且她經常聽到上司對人破口大罵，那麼這種模式便會綁架她的杏仁體，將負面情緒烙印在她腦中。每當她的目光掃過上司的辦公室大門，就會感受到負面情緒。

　　因此，即便有問題的人已經被隔離了，不文明病毒也能輕鬆捲土重來。即便是相對不嚴重的事件，例如有人說話不經大腦，隨意貶低他人，或是公開質疑某人的能力，也會在人心中留下印記，進而影響他們的工作表現與健康。耶魯大學心理學家比爾（Adam Bear）與蘭德（David Rand）開發了一組數學模型，發現身邊充斥爛人的人，會本能地變得自私，也不會思考自己的言行舉止。即便在合作贏面較大的情境下，他們也會選擇當個自私的人，因為他們不會停下腳步思考。[12]人會受環境影響，當周遭充滿負能量，我們或多或少都會生病，而且還會傳染給其他人。

想消滅不文明病毒，就要採取排毒措施（我會在第14章詳細說明）。

禮貌，也同樣影響深遠

如果無禮言行有快速傳播的特性，且在事件結束之後仍然持續發揮影響力，那麼禮貌也可以。我和同事曾在某生技公司做過一項研究，發現員工如果能在小事上展現文明的一面，其他人也會以禮相待，並在同事圈裡形成一種風氣。[13]其實，我根本無須用實驗證明此事，類似的例子在生活中俯拾皆是。

我是雷根華盛頓國家機場的常客，機場裡有一名阿拉斯加航空的員工，渾身都散發著正能量，總是能讓身邊的人開心起來。有次，航班因天候不佳而延誤，乘客都等得很不耐煩，語氣也很差，但她居然還有辦法掌控全局，帶著微笑，恭恭敬敬地安撫乘客。光是看到她的態度，我的心情就好了許多，和她短暫接觸過的人，臉上的表情也都變了。最後，阿拉斯加航空的機組人員，以及所有乘客，都帶著愉悅的心情前往目的地，眾人沿途也都以禮相待。大家都很樂意伸出援手，對待他人時也更有耐心。班機降落後，所有人都帶著平和的心情下機。

奧森那衛生系統（Ochsner Health System）位於路易斯安那州，是美國大型醫療衛生機構，他們非常重視禮貌言行的傳染效應，還特地制定了相關政策。奧森那在院內實施十／五英尺政策（10/5 Way），即與人距離十英尺（約三公尺）時要微笑地看著對方，當距離拉近為五英尺時則必須開口打招呼。[14] 奧森那發現在落實政策後，禮貌的言行在組織內散播開來，病患滿意分數直線上升，轉診到奧森那的病患數也變多了。

由此可見，無禮的言行不會只是個案，而是一種具高感染性與侵略性的病原體，在短時間內悄悄地使團隊、部門、組織、顧客，以及外部利害關係人生病。很多人都不知道自己有多容易受影響，也不知道自己可能就是帶原者。不幸中的大幸在於，禮貌的言行也具高度傳播性，我們可以起身對抗粗魯與無禮，打擊「不文明病」，盡己所能地向身邊的人傳播善良與快樂。勿因善小而不為，再小的舉動都能創造溫暖、激勵人心、充滿正能量的氛圍。我們可以從此時此刻就付諸行動，何樂而不為？

本章重點

■ 你的言行舉止就像漣漪，影響範圍遠大於和你直接
共事的人。當你對某人無禮，對方多半會把你的無
禮傳遞給其他人。

■「隔離」無禮之人可以遏止其可以其惡劣行為，但不
一定能根除病毒。

■ 你如果是個文明人，你的行為會促進正向循環，在
人際網路中創造更多文明人。

文明程度測驗

你的現狀與改善方法

◆

本書的第二部分旨在協助讀者將行為導向文明，你可以靠轉換
行為，成就更優秀的自己。

第 5 章
你自己是文明人嗎？

「大家都想著改變世界，卻從沒想過改變自己。」

——托爾斯泰

我們已經解釋了不文明言行的定義，也列出了這種行為對個人與組織的傷害，以及其高速傳播性。此外，我們也提到了禮貌言行的潛在益處。

現在是時候切入正題了：**你自己是文明人嗎？**

本章列舉了一些工具與建議，讓讀者可以誠實看待自己與自己的行為。我的目的不是要判斷你是不是「辦公室的討厭鬼」，而是要喚醒你的自覺，進而刻意調整自身行為。

無論我們認為自己待人處事的態度有多好，其實都可以再更善良、更體貼一些。看看工作領域中的佼佼者，你會發現，他們永遠都進步。仔細觀察你對待他人的方式，接受你發現的殘酷真相。作家麥吉爾（Bryant McGill）曾寫道：「當一個人卻乏正視自我的能力與勇氣，就不可能改變。」[1]

不少研究顯示，人在看待自己時往往會帶著美化的濾鏡，領導力教練兼作家葛史密斯（Marshall Goldsmith）稱這種現象為「成功精華片段剪輯」（highlight reel of our successes）。[2]說到這種自利偏差（self-serving bias），我最喜歡舉的例子就是哈佛商學院教授吉諾（Francesca Gino）的研究，該研究中有不少受試者都認為，自己進天堂的機率比德蕾莎修女還高。[3]

無禮程度測驗

請系統化地仔細審視你對待他人的方式，你接下來會看到我設計的測驗題，如表1（建議使用線上版 http://www.christineporath.com/assess-yourself/，系統將提供完整分析、針對性的建議與解方），目的是幫助讀者找出自己的高文明區與低文明區，並提供明確可行的建議，提升讀者的職場文明指數。[4]這項測驗我在某國際法律事務所做過，也在為高階主管與工商管理碩士生開設的課程上用過。[5]就連我之前替 Google 的網站 re:Work 寫過的部落格文章，也能看見這份測驗的身影。[6]《紐約時報》（New York Times）刊登過此測驗的部分內容[7]，之後我就不停接到全球顧問公司的信件與電話，表示想使用此測驗了解客戶。做過此測驗的人，通常都會表示更能看清自身行為的樣貌，舉例來說，我的一個朋友發現，即便他知道自己應該當面傳達訊息，但還是會選擇用電子郵件。另外還有一些人終於承認，自己在開會時總是查看電子信箱，沒有好好聽講者發言。

無禮程度測驗線上版

　　進行測驗時，務必誠實回答，並假設自己帶有偏見，往往太過正面地評價自己的行為。請積極使用這份測驗，訓練自己做一些你從未想過的事，並預防自己養成壞習慣。你也可以用這份測驗表揚自己的正向行為，雖然你可能會因為一些客觀條件而猶豫不決。回答問題時，腦中要想著與你共事的某個人，特別是那些你不會特別關心的人。想想這些年來，你養成了多少自己不喜歡的習慣，努力回憶好友與同事曾給你的回饋，特別是那些讓你難以接受的評語。最後，我要再提醒你一次，**請誠實作答**。

表1：無禮程度測驗題目

你會做下列行為嗎？	從不	幾乎不	偶爾	經常	總是
忘記說請跟謝謝	☐	☐	☐	☐	☐
需要當面溝通時卻選擇使用電子郵件	☐	☐	☐	☐	☐
團體合作時太喜歡搶功勞	☐	☐	☐	☐	☐
在開會時傳電子郵件或簡訊	☐	☐	☐	☐	☐
喜歡無故遲到	☐	☐	☐	☐	☐
批評別人	☐	☐	☐	☐	☐
讓對方太晚得到資訊或資源	☐	☐	☐	☐	☐
明知對方聽不懂，仍使用專業術語	☐	☐	☐	☐	☐
把自己的錯推給別人	☐	☐	☐	☐	☐
散播謠言	☐	☐	☐	☐	☐

用肢體行為鄙視對方
（如翻白眼、訕笑） ☐ ☐ ☐ ☐ ☐

只顧著使用3C產品 ☐ ☐ ☐ ☐ ☐

把某人排除在人際
網路或團隊之外 ☐ ☐ ☐ ☐ ☐

占別人便宜 ☐ ☐ ☐ ☐ ☐

對他人的意見
漠不關心 ☐ ☐ ☐ ☐ ☐

拒絕傾聽 ☐ ☐ ☐ ☐ ☐

陷害他人 ☐ ☐ ☐ ☐ ☐

無視他人的邀請 ☐ ☐ ☐ ☐ ☐

無故晚到或提前
離場會議 ☐ ☐ ☐ ☐ ☐

侮辱他人 ☐ ☐ ☐ ☐ ☐

貶低他人，拒絕肯定
他人的努力 ☐ ☐ ☐ ☐ ☐

貶低他人的努力 ☐ ☐ ☐ ☐ ☐

針對某人發表貶低
性的評論 ☐ ☐ ☐ ☐ ☐

認為他人的付出是裡所應當	☐	☐	☐	☐	☐
只挑簡單的工作做，難的留給他人	☐	☐	☐	☐	☐
總是忘記他人	☐	☐	☐	☐	☐
用不友善的口氣和人說話	☐	☐	☐	☐	☐
寫電子郵件時用詞粗魯無禮	☐	☐	☐	☐	☐
意見不同時就不尊重對方	☐	☐	☐	☐	☐
打斷他人談話	☐	☐	☐	☐	☐
不願支持他人	☐	☐	☐	☐	☐
批評和你不一樣的人	☐	☐	☐	☐	☐

　　你的測驗結果如何？你的言行是否助長了無禮行為的傳播鏈？你的行為缺乏什麼元素？你的言行是拉他人一把，還是打壓他人？如果你做過許多上述行為也不必太自責，因為大多數人都具備一項優勢，那就是天生就願意與人為善（因為荷爾蒙水平的緣故）。[8]我們只是人，不可能做到完美，重點在於改

善本測驗發現的行為。

思考當中的因果關係，找出造成你的文明指數下降原因。是不是因為你被某人逼到絕境？無禮的言行是否能為你帶來好處？你是否會覺得，自己在特定時刻無法控制自己的感受與行為？你心中的野獸是否會被特定場所喚醒？你的地雷是什麼？是不公平的待遇嗎？還是不尊重人的態度？或是自大的語氣？是競爭，還是壓力？是什麼讓你無法拿出最好的一面？只要你能搞清楚自己會在何時、何地、用何種方式做出無禮行為，並弄明白其表現形式，就能注意自己是否已進入，或是即將進入地雷區。

我也常做這個測驗，也並非每次都樂見於測驗結果。但我覺得能看清自己的壞習慣是件好事，至少能預防我日後做出無禮的行為。當我即將做出某些出格的行為時，腦中可能會閃過這種想法：**我想成為怎樣的人？**等心中有了答案，我就會知道該如何反應了。

當我知道接下來會碰上什麼挑戰，或是知道自己必須用策略處理棘手問題，我就會在狀態最好的時候擬訂計畫（絕對不會是傍晚或晚上！）。當我知道接下來的工作環境會變得惡劣，或是要和不對盤的人共事，我就會加倍努力，鼓勵自己要撐下去。當我想口出惡言，就會提醒自己千萬不能張開嘴巴。我會一直問自己：**我想成為怎樣的人？**我會提醒自己，我不想給人留下壞印象，或是鑄成大錯後才懊悔不已。我知道環境跟

人對我會有什麼影響，也會盡力不讓內心的傾向主導局面。久
而久之，我便發現自己的行為有所改變。

看清盲點的七種策略

　　你可以從我設計的測驗著手，但我希望你也能詢問同事與
親朋好友的回饋，因為你對自身行為的了解可能不夠全面[9]，
大多數人都會忽略自身行為模式中的各種元素。商業、政治
與閃電約會民調皆顯示，「盲點行為」影響成功的比例約為
40％。[10]某研究顯示，人腦在處理對話時，受對方語氣影響
的比例高達38％。[11]精確評估我們說話的語氣絕非易事，而
這也是有原因的，人在四個月大的時候，大腦的顳上溝便會開
始分類所有聽覺資訊，長到七歲時就能使用顳上溝的功能，從
對方的語氣判斷情緒。但我們在說話時，顳上溝便會停止運
作！[12]我們依舊能聽見自己的聲音，但和對方耳中聽到的聲
音比較，卻又不盡相同。

　　人類的盲點不只有語氣，表情也是其中之一。我們可能
會感覺自己在微笑，但大多時候，我們是感覺不到其他臉部
動作的，例如受驚、害怕，或是心生嫌惡時，眉毛上揚的動
作。[13]當心中湧現對人品頭論足的衝動時，你真的能深藏不
露嗎？

　　還有其他因素會影響我們盲點，舉例來說，人失敗時常

會將問題歸咎於環境，但其他人卻會認為，這是我們的性格導致。[14] 遲到了，你可能會怪交通、怪剛剛那通不得不接的電話。但苦等你的人可不會輕易放過你，若你是遲到慣犯的話，對方炮火就會更猛烈，直接表明問題出在你身上。

另一個因素就是行為造成的影響，和你的本意有落差，可能你的（建設性）批評在同事耳裡聽來，是公開羞辱的惡言。兩位哈佛溝通專家史東（Douglas Stone）與西恩（Sheila Heen）合著的《謝謝你的指教》（*Thanks for the Feedback*）指出，人在評判自我時會將自己的意圖當成標準，而評判他人則是以行為造成的影響。[15] 於是「我這麼努力嘗試，你都不感謝我」的戲碼便一再上演。若我們執行某項行為方式不夠好，像是給回饋時語氣很差，對方就可能會覺得你在針對他。我們所有的盲點，都可能對他人造成莫大影響。

更糟糕的是，我們通常都意識不到自己對他人的影響。我剛到某大學任教時，有位好心的同事想給我些工作上的建議，她說我之前只指導過大學生，所以只能算是「幼幼班」。這句話讓我很不舒服，像是在暗示我不夠優秀，無法跟「普通班」裡的大人物共事。我還可以清楚回想起當下的感受，我覺得自己很渺小、突然變成刺蝟、無能至極。我對這個評論特別敏感，因為我有好幾年的時間，都在其他機構指導工商管理碩士生。她說話時還不停向我靠近，用居高臨下的姿態看著我，臉上的表情既嚴厲，又帶著批判的意味。其實我知道她不是想害我，

而是想幫我，但她對自己的盲點毫無自覺。結果就是，她呈現
出的樣貌，遠比她自己預期的更刻薄。

你是否了解自己最細微的社交行為？其實你需要他人的幫
助，才能獲得自覺。你可以請他人擔任一面誠實的鏡子，並採
用以下7條簡單的策略：

#策略1：請對方評論你最佳與最差的行為

你想不想讓自己心情變好？想不想把優秀的行為進行到
底？你可以試試安提亞可大學羅伯茲教授（Laura Roberts）與同
事發明的技巧，請十到十五個人（包含同事與親友）評價你最
謙虛有禮的一面。[16]請他們給一些例子，說明你最優秀的行
為；請他們明確描述你對待他人的方式；請他們說出你是在什
麼情境、發生了什麼事後、做了哪些事，讓他人覺得倍感重視；
請他們說說你如何拉旁人一把。

收集眾人的回饋後，檢視每條評語，接著找出其中的共同
點。你可以使用線上工具 Wordle.net，生成一張由文字組成的
彩色圖片，看看最優秀、最文明的你，身上具備哪些特質。你
在什麼時候、什麼地方、跟誰在一起時，會用哪種方式展現出
最優秀的自己？按主題彙整共同點、紀錄你的想法，類似表2
的作法：

表2：透過他人回饋來檢視自己

主題	例子	我的想法
你對所有人一視同仁，把他們當成團隊成員。	「我不會覺得你高我一等，你把我當成合作夥伴，所以我才更願意發表自己的意見與想法，一起把事情做好。」	我要繼續讓對方感受到自己的價值，我要讓對方知道他們很重要，知道我很想聽聽他們的意見。 注意細節，例如我坐在位置。多問對方（特別是地位較低的人）:「你怎麼想？」
你是個有溫度的人，待人和善，又很體貼，大家都知道你懂得關心人。	「你送給我手寫的感謝信，我已經超久沒收到這種東西了。」 「我生日時你烤了我最愛吃的餅乾，手寫卡片的內容也很暖心。」 「雖然你是個大忙人，總是在外奔波，但還是會抽空打電話給我，還問我體檢結果如何。雖然只是個小檢查，但我還是很緊張，沒想到你居然記得這件事，還特地打給我，我很感動。」	貼心的小舉動不要停！大家都很重視這些事。一定要抽空繼續做。 卡片該寫就寫，電話該打就打。詢問對方的近況（要發自內心）。 對方有需要時就到場支援。

　　不要止步於此，繼續收集他人的真心回饋，持續進步（詳情請見「團隊與組織的行為和影響」）。找一群真心為你好的同事，問他們如何評價你對待他人的態度。問他們你哪裡做得好，要如何做得更好。仔細聽他們的評論，至少找出一個你想改變的地方。接著再和每個人單獨聊聊，問他們最佳的進步方式是什麼。根據葛史密斯的說法，此前饋＊過程共有5個步驟，分別為：

1. 闡明目標。
2. 尋求建議。
3. 仔細傾聽。
4. 感謝對方，不要找藉口或想反駁。
5. 再找其他人，重複上述步驟。[17]

　　只要按以上步驟操作，便能得到具體的建議，且提供建議的人，都是真心希望你能成功的人。掌握這些優勢，就等於贏在起跑線。但要記得定期詢問他們的意見，以協助你評估進步的程度。

＊　　feed forward 不同於回饋（feed back），是在事前提出的建議。

#策略2：找教練鞭策自己

　　教練可以單獨調查與訪問你的同事，以及模仿你在開會與參加活動時的言行，挖出你潛在的弱點。你的行為中可能有些小細節，是你自己看不見的，但教練可以替你揪出來，並查出背後的動機、經歷與個人特質——這些都可能讓你傾向做出無禮的行為。[18]厲害的教練還能幫你想出改善行為的具體方案，並盯著你實踐。

　　某好萊塢娛樂公司聘請了一位教練，任務是輔導一名年輕的女性律師。她會桀傲不遜地告訴教練「這樣不對」，還說她之前待過的公司「不會這樣處理事情」。此外，她上班總是遲到，心情不好時也會對身邊的人發火。教練很快就發現，她會這麼不開心是有合理原因的。雖然公司是以合夥人律師的名義聘僱她，但她實際做的，卻只是律師助理的工作。一般來說，合夥人律師可以掌控自己的工時，但公司卻沒有給她這項權利。教練也找出她的地雷，並開誠布公地和她談了談最佳處理方式。後來，她也承認自己並不喜歡現在的工作，所以決定另謀高就，尋找更適合自己的公司，結局皆大歡喜。

#策略3：舉辦團隊熱身活動：請同事與朋友擔任教練

　　並不是每個人都能請到教練，那又該找誰來幫助提升自己呢？我曾讓工商管理碩士生與公司主管擔任彼此的教練，在我看來，這不失為一種提升文明指數與社交智力的好方法。

　　提升禮貌程度無須孤軍奮戰，你可以、也應該和團隊成員攜手合作。你在提升自身行為的同時，也可以敦促團隊成員跟隨你的腳步。你可以和團隊開誠布公地討論，聊聊自己和隊員該說些什麼、做些什麼，才能讓所有人都感到被尊重；聊聊你和隊員在哪些時候，會用哪種方式以無禮的態度對待彼此；聊聊應該如何改善自己的言行；聊聊如果隊員互相尊重，會為團隊帶來哪些好處。在團隊發展出全新常規的同時，所有隊員都有責任維持現狀。

　　你也可以和同事一起完成我在本章開頭提到的測驗，根據我在團體內使用該測驗的經驗，眾人在落筆回答第一個問題的當下，就會主動開始討論。某人可能會說：「我會用居高臨下的語氣對人說話嗎？」另一個同事會立刻接話：「最好是不會。」眾人就這樣開始當起對方的教練，對彼此說出真心話，例如「你不要老是把功勞往自己身上攬」，或是「你如果想當帶頭的，就先把事情做好」，也可能是「你不要老是遲到」，這類公開交流正是提升團隊表現的第一步。

　　你們還可以填寫「誰是團隊文明人」表格（請見「團隊與組織的行為和影響」），列出團體中行為正向或負面的人。我也會請團隊成員為其他人寫一張索引卡，列出具體建議，改善他們的行為。受試者會在卡片一面寫下對方的優勢，也就是對方該堅持哪些行為，以維持最高的文明程度。卡片另一面是對方為了提升自己的團隊影響力，必須改善的三件事，也就是可能會影響對方影響力的小舉動，或是習慣，以及對方應該調整的行為。

你一定想不到，眾人的回饋居然這麼寶貴，對你的見解如此深刻。總之，試過才知道！

#策略4：360度回饋

從無禮程度測驗或他人的回饋（包括績效評估）中，找出你想改變的行為。接著，詢問團隊成員、部屬與管理者的回饋——即360度回饋（360 feedback），看看你還可以做什麼改變。請同事把改變視為你應盡的責任，從旁協助你。葛史密斯在《UP學》（What Got You Here Won't Get You There）中和讀者分享，他從360度評價中得知自己有個壞習慣，就是在背後批評員工。[19]得知此事後，他心情糟透了，於是向員工保證自己會改。他承諾，只要誰抓到他發表無禮評論，就給誰十美元。雖然葛史密斯擔心眾人可能不敢糾舉他，但他很快就發現有些人甚至會故意套他的話，要他批評別人，藉此領取獎金。當天中午前，他就繳出了五十元美元。罰款法奏效了，他每天都在進步，到了第二天，他的罰款金額只有三十元，隔天更只剩下十元，而他很快就徹底戒掉了這個壞習慣。

你的360度回饋可以有很多重形式，我的建議是越有趣越好。在我任教的某所大學裡，教職員針對不良行為發明了一種系統，叫「知情人信號」（insider signals），即教職員互相充當彼此的教練，若對方在會議期間做出不禮貌的行為，就用手勢提醒對方。「黃牌」手勢（把拳頭舉到頭的一側）表示發言人的語氣或情緒漸趨負面，「紅牌」手勢（兩根手指向上，然後搖動大拇指）代表發言人必須停止說話。看到紅牌手勢，教授就會知道必須收斂，把嘴巴閉上。這套系統有趣又有效，也讓大家時刻注意自己和他人的無禮言行。[20]

　　同事的回饋不一定都要是批評，你可以請團隊成員在發現你進步時告訴你。某公司的主管有一個不好的習慣，總是在開會時打斷別人談話，還會把別人的想法占為己有。她於是請團隊幫她改掉這個習慣。她在教練的指導下想出一個技巧，可以避免重複這種行為模式，那就是用「輕敲腳拇指」代替插話。她告訴團隊，自己正在設法戒掉這個習慣，開了幾天會議後，她詢問眾人自己是否有進步。所有人都大吃一驚，沒想到主管居然是認真的，甚至願意在他們面前露出脆弱的一面，於是紛紛伸出援手，幫助她改變，最終也因此受惠。於是，團隊多了一條開誠布公的常規，同事間可以互相幫助，一起成長。

#策略 5：學習閱讀情緒

　　若你覺得閱讀或表達有溫度的肢體語言、臉部表情很困難，可以按照下列建議改善這一點，這些小訣竅是我根據多年研究經驗彙整而成。

- 平時就要仔細觀察他人，尤其是言行舉止特別有禮的人。加州大學榮譽教授艾克曼（Paul Ekman）發現，只要透過觀察他人的臉部表情，就能改善自己辨別情緒的能力。[21]

- 運用情緒智力測驗與工具，檢測自己閱讀他人情緒的能力，也可以檢測自己回應他人的能力（詳情請見「推薦資源」）。

- 和他人玩遊戲。神經科學研究顯示，與他人競爭時，大腦會針對對方的情緒與意圖，創造出一種「心理模型」（mental model）。[22]這有助於提升我們對他人情緒狀態的感知力。

- 探索、開發自記的想像力。研究顯示，喜歡讀小說的人對他人的情緒與意圖更敏銳。[23]

- 找一部你最愛的電視劇或電影，觀察角色的互動。描述這些互動傳達的感受，並想像是什麼事情觸發這些情緒。特別注意角色的臉部表情與肢體語言，觀察角色間的距離，看他們是否把注意力放在對方身上，或是目光被其他人吸引。[24]

- 尋找學習對象。可以考慮你的老闆，或是其他言行舉止有禮的人。拿出一張紙，寫下他們的名字，並列出他們

尊重他人的行為。再拿出一張紙，分成兩欄。從學習對
象名單中挑出一人，放在第一欄，並列出對方最不尊重
你與其他團隊成員的行為（包括事件），在第二欄中列
出對方最尊重你與其他團隊成員的行為（包括事件）。
連結細節與結果，判斷每種行為替此人帶來了好處或壞
處。

　　牢記這些訣竅並時刻使用，你很就會成為閱讀情緒的高
手，行為也會變得更加有禮。

#策略6：反省自身行為

　　寫日誌可以讓你深入了解你在何時、何地、為了何事會
展現出最好的一面，又是在何時、何地、為了何事會變得無
禮。[25]要懂得辨認會使你情緒失控的人物或情境。我曾和一
位領導者共事，她每天早上五點起床，一到傍晚脾氣就會略顯
暴躁，那時她除了疲倦，情緒也會變得遲鈍，而她已經注意到
自己的行為。於是，她如果要面臨較為棘手的社交情境，或是
必須下決策時，便會盡可能到隔天早上再處理。

　　日誌也可以記錄進步的歷程，你可以看看在過去一週、
一個月，或是三個月期間，自己的行為是否變得更有禮？影
響行為變化的因素是什麼？旁人對你的行為有什麼反應？是
否有人誇獎你的改變？請記錄下這些非語言的回饋，看看旁

人是否對你報以更多微笑，而不是挑眉的表情。你是否察覺到旁人越來越無法拒絕你，彷彿你的影響力變得更強？行為的變化是否為你帶來更幸福的人生？請把上述問題的答案通通記錄下來。

#策略7：善待自己

　　一個人會做出無禮行為，最普遍的原因就是肩上的擔子太重，或是壓力過大。[26]所以請善待自己，先把最基本的幾件事做好，也就是吃好睡好、壓力控管做好做滿。雖然這已經是老生常談了，但絕大多數的人都不懂得妥善運用精力，如果他們能先照顧好自己，便能得到意想不到的收穫。

　　我的研究顯示，超過半數的受試者（人數逾兩萬）都認為自己活得不夠健康，或是不了解身心健康的意義。此外，受試者中有超過半數的人都未能做到每週運動2次，每次至少20分鐘，更有近四分之一的人表示自己從不運動。

　　不要吝於活動筋骨，我的研究顯示，與不運動的人相比，每週運動至少三次的人自覺工作表現更傑出（高14％）。我們之後會談到，這種「良好的自我感覺」可以使你在遭受無禮言行攻擊時，能以更好的方式應對，也可以防止你變得粗魯無禮。

　　你運動得越多，你就越能開發自己的認知潛力，更能擺脫腦中的自我懷疑。運動有助於讓人排出體內毒素、增強壓力免疫力，[27] 並能使你在看待自己與他人行為時多一分敏銳、細心與留意。

　　睡眠也是相當重要的一環，雖然95％的人每天都必須睡7到8小時，但某項大規模研究發現，幾乎有30％的美國人每天睡不到6小時。而在組織中擔任管理職的群體裡，每天睡不到6小時的人數比例為40.5％。[28] 研究人員也在韓國、芬蘭、瑞典與英國進行大規模研究，得出的數據都相去不遠，顯示睡眠不足已經是全球現象。[29]

　　睡眠不足是禮儀的巨大阻力，因為人腦管理思想、情緒、衝動與行為（即自我控制與自我調節能力）的區域，通通都集中在前額葉皮質與杏仁核區域，[30] 腦血糖濃度則是這些區域的能量來源，[31] 而這些區域補充能量的時間點，就是在人類睡眠時。[32] 所以道理很簡單，睡眠不足會導致腦血糖濃度下降，影響自我控制與調整的能力，使人做出無禮的言行。

　　缺乏睡眠會導致更多誤解，以及更多不良行為。這也會影響我們解讀他人及判斷對方意圖的能力。[33] 如果你睡不飽，你更可能誤判他人的表情和語氣，[34] 也會增加我們用負面的方式展現感受、語氣的可能性。[35] 如果你還是覺得不夠嚴重，缺乏睡眠也與挫折感、敵意、焦慮、逾越程度下降、[36] 低信任度，[37] 以及不合時宜的人際行為有關。[38]

　　缺乏睡眠對職場表現的影響尤為重大，不少研究發現，睡眠時間不足或品質不佳，會引發職場偏差行為，使人失去耐心，並做出不道德的行為。[39]更有研究發現，缺乏睡眠會影響領導者與部屬的關係，並讓同事不願互助。最可怕的是，睡不飽的人完全意識不到自己帶來的負面低氣壓。[40]

除了好好睡覺以外，也不要忽略營養的重要性。[41]健康的飲食可以維持血糖濃度，使你處理困難情境時更得心應手，不會突然暴怒。你覺得一個空著肚子的人，會有能力面對生活中的各種挫折嗎？

平日進食以頻繁但輕淡為原則，以維持血糖值平衡，目標是40％穀物、40％蔬果與20％高蛋白食物。在工作期間吃些升糖指數較低的零食（熱量100至150卡），也是維持血糖平衡的好辦法。零食的選擇包括水果、蔬菜、蛋白質（堅果、種子、希臘優格、茅屋起士或起士條）。[42]

除了運動、睡眠與飲食，我也建議大家多做一些正念練習，如冥想或瑜珈。會正念技巧的人遇到狀況會懂得放慢腳步，思考後再處理。正念可以重設你的身體，增強專注力，讓你懂得應對進退的法門。[43]此外，當你遇到挫折，打算對某人發飆時，正念練習也可以讓你保持冷靜。

杜克大學醫學院發現，美國保險公司安泰（Aetna）員工的壓力指數下降了三分之一，原因是他們每週都花1小時練習瑜珈。（每年省下的健康照護成本平均數為2,000美元！）[44]瑪圖拉諾（Janice Marturano）曾擔任通用磨坊（General Mills）的資深法務律師，並參與了曠日持久、為期十八個月的品食樂

（Pillsbury）併購案。[45] 此併購案與父母的離世令瑪圖拉諾身心俱疲，於是她參加了卡巴金**主持的領導人靜思營。在靜思營的這一週徹底改變了瑪圖拉諾，她找回過去的活力，自我意識也大幅提升。回到公司後，她不停鼓勵領導者做正念練習，最後推廣到全公司員工。通用磨坊後來還舉辦了正念領導課計畫，以及7週正念訓練課程。參與過課程的高階主管中，80％的人表示自己的決策力變得更強，89％的人認為自己比以前更懂得傾聽。[46]

別停止向前

　　優秀的醫師、運動員與商業領袖永遠都在吸收新知，為了讓自己成為頂尖人士，他們會向同事、教練或信任的人虛心求教。只要我們也懷抱同樣的虛心，強化自我意識，就一定能進步。懂得這個道理後，我們便可以透過改變言行、擴大自身影響力，提升工作成效。多跟團隊成員、朋友和家人聊聊，接受他們的回饋，讓自己成為更好的人。不要覺得自己必須立刻修正所有「不良」行為，此事須按部就班，從基本禮儀做起。

**　Jon Kabat-Zinn，醫學、醫療保健和社會正念中心（Center forMindfulness in Medicine, Health Care, and Society）的創辦人。

　　第6章的內容是一些基本禮儀，可以幫助你蛻變為你心目中理想的角色，並在過程中擴大你的影響力，提升工作成效，希望大家努力練習。

本章重點

- 完成無禮程度測驗，線上版本將提供個人化回饋與建議。
- 收集旁人回饋，找出自己的弱點，設定改進的目標。
- 集思廣益，以調整特定行為。
- 請團隊成員或信任的人監督你，定期和他們聊聊，檢視自己的進步。
- 善待自己，以提升成功的機率。管理自身精力，便可以提升人際互動的效能。

第 6 章
禮貌基本訓練課

「練好基本功，自然就能鶴立雞群。」

—— 籃球之神麥可·喬丹

　　2012年，投資諮詢公司萬里富（Motley Fool）執行長加德納（Tom Gardner）向兩百五十名員工發出戰帖，要求員工必需要在年底記住所有人的名字，做不到的人就無法領到年底的20％分紅。加德納還說，**所有人**都必須叫得出每個人的名字，否則**大家**都領不到分紅。

　　距離年底還有一個月，幾乎所有員工都把彼此的名字記起來了，除了一名前美國陸軍遊騎兵。他發給所有員工一封電子郵件，寫道：「我就是可能讓你領不到20％分紅的那個人，誰想約我吃午餐？」此話一出，大家都開始聯絡他，而他也很快就記住眾人的名字。

　　加德納這樣做的用意，是要強化員工間的紐帶，擴大組織文化的寬度。他大可以主管的身分發布公告，要求員工「把彼此當成家人」，或是以「融洽的同事關係」或「文化」為核心，制定一些籠統的評量指標。但他知道，人際關係發展靠的不過是幾個簡單的動作，而要強化人與人之間的互動，首先就要知道對方的名字。

加德納應該抓到箇中訣竅了，2015 年，萬里富登上企業評論網 Glassdoor 的中小型組織文化評分首位。此外，按照行業標準來看，萬里富的員工流動率更是出奇的低，只有不到 2％。[1]

想成為文明人，並幫組織打造更文明的文化，就必須先把基本禮儀練好，要讓自己更細心、多與人連結、多露出一點笑容。其實，這些行為一點都不難，大家在幼稚園就學過了。但隨著年歲漸長，我們大多忘記這些教誨。人的觀點會改變，行為也會隨之變化，我們總是不知不覺地與禮貌漸行漸遠。

第 6 章到第 9 章討論禮貌的各個面向，包括包容、好施、行為有禮。做到這三點後，你的影響力自然會慢慢變大，也能引出團隊成員最優秀的一面。然而，千里之行始於足下，我們要先從容易被忽視的行為做起，能連結我們與他人的正是這些細心之舉。只要時刻注意自己的行為，努力修正自己的言行舉止，就能提升自己的文明程度。你要做的事情不多，不用二十件，甚至不到十件，我只希望你修正**三件**事情。我敢保證，你一定能感受到大家回應你，以及評價你的方式與過去不同。

兩個神奇詞彙

　　簡單的禮貌之舉是否能改變人的影響力？答案是肯定的。杜克大學籃球隊教練沙舍夫斯基（Mike Krzyzewski）曾擔任一九九二年勇奪巴塞隆納奧運金牌的美國夢幻隊副教練，他和眾人分享了一個相關例子。夢幻隊陣容堅強，但其中要屬喬丹實力最突出。喬丹過去是北卡羅來納大學校隊球員，而北卡大學正好是杜克大學對手，有鑑於此，「K教練」（沙舍夫斯基外號）想看看喬丹在球場上是否會尊重他。雖然K教練也小有名氣，但光芒絕對比不上早已被冠上傳奇球員頭銜的喬丹。

　　首輪練習結束後，K教練正在一旁喝汽水，喬丹則向他緩緩走來。K教練心想，他一定是要來嘲笑自己擔任杜克大學籃球教練一事，但他的期望落空了。喬丹說：「教練，我想花半小時練習一些動作，可以請你幫我嗎？」K教練說他倆花了半小時練習，結束後喬丹還熱情地道謝。[2]

　　請和謝謝，多簡單的兩的詞，但正是這樣的小舉動，讓K教練久久難以忘懷。K教練的原話是這樣的：

　　　　那次帶隊經驗讓我學到很多，其中最重要的是與喬丹初次見面。至今我想起那天，還是難掩激動之情，正是類似的事件增加了團隊的戰力。喬丹本可以在球隊裡耍大牌，但他沒有這樣做，他知道球隊裡沒有明星，每個人都很重要。他本可以對我說『麥克，給我過來』，而我也會飛奔過去找他。當然，我會覺得自己很蠢，不過還是會履行教練的義務，最後顏面掃地。他也不希望事情變成這樣，所以他稱呼我為『教練』，還說了『請』，最後還向我說『謝謝』，皆大歡喜。在我看來，這種做法才是大師風範。像喬丹這樣的頂尖人物，居然還能夠從小事著手，打造利於球隊勝利的氛圍，真的很了不起。我不知道他那天是不是刻意為之，但無論如何，他都展現出文明的一面，而我也會永遠敬佩他的舉動。這件事改變了我之後回到杜克大學的教練風格。[3]

為何禮貌的小小行為如此重要？我們不妨先想想看，什麼特質會讓我們受人喜歡。世界各地的學者研究了兩百多種行為特質，其中兩項特質——熱忱與能力會主導我們對他人的印象。很簡單，這兩種特質構成了我們對旁人正面或負面印象的90％。[4]當別人認為你有熱忱又有能力，便會傾向於信任你、與你建立關係、追隨你、支持你。[5]

不過這裡有個玄機。似乎有一項特別突出，就表示另一項特別弱？你或許聽過這種話，「他很聰明，但大家都不願意在他手下做事」，[6]或是「她人很好，但可能沒這麼聰明」。K教練一開始認為，喬丹這位籃球巨星應該很高傲，也就是有能力卻少了熱忱。[7]如果我告訴你，只需要做一件事就能讓人認為你聰明又**不失熱忱**，你會嘗試看看嗎？我想你不會拒絕，對吧？這件事就是：有禮貌。[8]

想和員工或團隊建立關係，那你的領導就要有溫度。我們大多都急著證明自己的能力，[9]不過，旁人在評價你的時候卻更看重你的熱忱。這種溫度是通向影響力的道路，因為熱忱可以引發信任、資訊與想法交流。不起眼的身體語言（如微笑、點頭，或是開放姿勢*）也可以也能吸引他人，讓人知道你關心他們的需求。

心理學與社會學研究發現，先以熱忱態度與人連結，**再**帶入自身能力，便可以建立、強化人際關係紐帶，進而提高影響力。[10]普林斯頓大學教授托多洛夫（Alex Todorov）與同事做過一項研究，探討主導第一眼印象的認知與神經機制。結果顯示，人類接受到「熱忱」的速度總是大於「能力」，而且判斷只需要三十三毫秒！[11]我們不但可以快速判斷他人是否缺乏熱情或無禮，而且內心對此也不寬容。[12]我們認為一次缺乏熱忱或具備能力的行為，就足以用來判斷一個人的性格。

熱忱的重要性不言而喻，因為人類有被保護與包容的基本需求，科學家稱之為歸屬感（affiliation）。[13]歸屬感是人類三個基本需求中最重要的，另外兩者是自主性（autonomy）與勝任感（competence）。[14]神經學家艾森伯格（Naomi Eisenberger）與她

---

*　　open posture，一種無意識下的典型姿勢，身體傾向於舒張（四肢沒有交疊），象徵認同、接受度高以及心態放鬆。

的團隊發現，人類強烈地需要保護與包容感，所以我們被排擠時，大腦中活躍的神經區域與身體疼痛時的區域完全吻合。[15]所以，排擠確實讓人「痛苦」。

不過，你可以使用下面三種基本禮儀，讓你與人接觸時強調你的熱忱，並滿足他人的歸屬感。同時，你所展現的社交技巧也凸顯了你的能力。畢竟，會說「請」、「謝謝」的喬丹給人的印象，是聰明、冷靜、有本事且懂自制。你可以透過禮貌，來表現出為他人著想、願意尊重他人、有能力適應外在準則的這些良好特質。[16]

第一基本禮儀：微笑

我敢打賭，這是一種「你以為你有做，但其實沒有」的行為。你在嬰兒時期就已經會了，而且它能讓你馬上感覺更好，並同時提高你的禮貌程度。基本禮儀的第一項，就是**微笑**。

你有沒有思考過，為什麼看到笑開懷的孩子也會讓你不禁莞爾？兒童一天微笑的次數可以達四百次，但只有30%的成人一天會微笑超過二十次，更有14%的成人一天笑不到五次。[17]這個數據實在令人痛心！如果你平均一小時微笑不到一次，那就趕緊釋放你心中的孩子吧。

微笑的好處包括振奮心情、提升免疫力、降低壓力、降低血壓，以及減少心臟病風險。[18]一抹笑容對大腦的刺激，等同於兩千根巧克力棒！[19]微笑也與長壽有關，[20]有研究檢視了 1952 年美國大聯盟球星卡，發現可以從球員微笑的幅度預測其壽命長短。喜歡咧嘴笑的球員的平均壽命是 79 歲，不怎麼愛笑的球員的平均壽命則是 72 歲。光是一個微笑，就讓壽命延長了 7 年。

此外，微笑也能感染他人。只要一個微笑，你無須開口說話便能安撫他人，與他人建立默契，甚至是鼓舞他人。瑞典研究人員發現，光是看著微笑者的照片，你嘴邊的肌肉就會短暫向上抽動，做出微笑的樣子。[21]許多領導力教練都建議學生帶著微笑講電話，因為微笑會使聲音聽起來尤其積極友善。

勵志演說家巴士卡力（Leo Buscaglia）曾說：「我們總是小看了觸摸、微笑、好話、傾聽、讚美，與關心之舉所蘊含的力量，這些動作都具有改變人生的力量。」[22]微笑能讓人看起來更討喜、禮貌，也感覺更有能力。科學家已經證實，你的微笑可以提升旁人的做事效率。[23]美國海軍做了一項研究，評估最有效率、最安全、戰備狀態最高的分遣艦隊領導者。研究人員發現，這些領導者的性格更積極，更外向。他們不只擅於表達情緒，表達的方式較戲劇化，個性也相當和善，懂得與人交際。他們比一般艦隊領導者更欣賞自己的隊員，態度比較溫和，當然，臉上的微笑也更多。[24]

我見識過不少次微笑的力量，我在此舉個例子。攻讀博士班期間，我應某教授邀請參加一場工作面談（候選人應聘教職時必須參加的面談）。會場就像高壓鍋，而且場面很粗暴，因為現任教職員會趁機質疑候選人的研究成果。在我參加的這場工作談話上，教職員爭相把該名候選人逼到絕境，但有幾個空檔我看著她的眼睛，對她報以微笑，還點了點頭。我想告訴她「妳可以的」，最後她也順利取得教職。當天下午，她與我們這幫博士生見面，並當面向我道謝，因為我在會場上對她點頭微笑，而後來她也成了一位受人（包括我）敬重的導師。其實就算沒有我的鼓勵，她也能順利通過面談，但笑一笑又何妨？

　　如何讓自己臉上多點微笑呢？我會推薦讀者使用「由內而外」法，此法奠基於科學與方法派演技，做法是刻意讓自己體驗到正面的情緒，讓自己發自內心露出真誠的微笑。社會心理學家柯蒂（Amy Cuddy）表示，這種刻意為之的情緒體驗，其實更像是「權力姿勢**，也就是重組大腦與身體的配置，以便能順暢且自然地完成表演」。關鍵在於，你要弄清楚自己在做什麼事時，臉上會散發出真誠的笑容，畢竟，幾乎所有人偶爾都會笑一笑。找出能讓你感到愉快的事物，可能是你的孩子、愛好，或是一則笑話，並在需要微笑時想起這些事物。[25]

　　與之相對的方法（刻意改變身體語言，由外而內地改變感受）效果不彰。「假笑」對大多數人而言都是高難度動作，有種現象在政壇上屢見不鮮──某些政治人物明明就是以不友

** 　power posing是柯蒂提出的概念，她認為人可以透過身體的姿勢來展示高／低權力。

善的態度出名，卻在教練的指導下不得不微笑，導致完全笑不到點上。他們會在發表完重大言論後微笑、看著政敵露出得意的笑，或是在痛批某人後笑出聲來。他們最後都會批評不夠真誠。要知道，微笑是一回事，但要讓微笑與其他身體語言（如語氣或動作）同步，又是另一件事了，而且絕非易事。[26]

　　若你決定採用「由內而外」法，剛好又碰上了非笑不可的場合（我有時也會碰上這種窘境），那就嘲笑自己的窘境吧。[27]相信我，這招屢試不爽！此外，在面臨高風險、棘手的情境時，先在「上場」（如登台、公開發言或訪談）**之前**想一些讓自己快樂的事，這絕對有益於你的表現。葛拉威爾觀察道，「人類情緒的起點或終點都在臉上」。[28]人在微笑時，自然就會感受到正向的生理反應，重點是要找出能自然引出正面情緒的事物。光是想到這些事物，你的嘴角就會不自覺上揚，進而啟動情緒與行為的正向循環。

第二基本禮儀：與部屬建立關係

　　你與組織中職位較低者的關係相當重要，創意領導力中心（Center for Creative Leadership）發現，在大型組織中，層級前三的領導者若想成功，最關鍵的因素就是「和部屬的關係」；[29]韋萊韜悅（Towers Watson）這間管理顧問公司做過一項全球研究，發現讓員工投入工作的最大推動力，就是管理者是否真心關心他們的福祉，而僅有不到40％的員工覺得自己高度投入工作。[30]

　　要與部屬打好關係，就必須先肯定部屬，這句話聽起來容易，但實際上，沒有幾個領導者能做到。我有一個學生叫亞當，他以全班第一名的成績畢業，又曾擔任過學生會會長，是個急欲改變現狀的天才領袖。後來他被紐約某投資銀行錄取，很快就交出了漂亮的成績單。他主動提出意見，重新設計了一些系統，使銀行運行效率大增。公司上級很快就注意到亞當，並讓他一路高升，沒想到他卻在此時碰到了無禮的上司。

　　亞當的上司熱中於貶低他，給他的電子郵件內容也不堪入目。然而，根據亞當的說法，上司最過分的行為是不願肯定。她每天在走廊與亞當和其他同事擦身而過時，完全不願正眼看他們，既不點頭也不打招呼，想聽她說一句「你好嗎」根本是天方夜譚。雖然亞當在公司的表現可圈可點，卻待了一年就離職，因為他覺得這裡不值得久留。

　　肯定他人相當重要。你只須一個瞬間，就能讓對方一整天都保持愉悅。不受肯定的人會覺得自己很渺小，可能一整天的心情都相當低落。決定權在你手上，希望你能做出正確選擇。請將第4章提到的十／五英尺政策付諸行動，與人距離十英尺時，正視對方的眼睛並微笑，距離拉近到五英尺時，和對方打聲招呼。

　　想肯定某人，可以先從認識對方著手。這就是萬里富的分紅政策的切入點。身為領導者，你可以花點時間了解在你手下工作的人，或是實施一些政策，鼓勵公司所有管理者與領導者也這樣做。萬里富制定了一系列策略，鼓勵員工認識彼此。舉例來說，他們會免費提供十美元星巴克禮券，但前提必須用來請同事（最好是不太熟的）喝咖啡。[31]加德納執行長鼓勵員工趁著共享咖啡的時間，聊聊彼此手上的專案，看看對方有什麼好的做法，還可以一起解決難題，分享意見。

此外，萬里富還會為員工量身打造入職政策，幫助在職與新萬里人（新進員工）認識彼此。在新人報到前，公司會發問卷詢問他們的興趣（喜歡的食物、運動、電影、度假景點等）與投資經驗等，到了正式上班當天，辦公桌上就會堆滿他們最喜歡的物品。喜歡旅遊的新萬里人可能會收到一張刮刮地圖，或是介紹世界知名旅遊勝地的書。這項政策對新萬里人來說相當新奇，而其他員工也得以一窺新人的個性，說不定還能發現一些共同的興趣。

在報到前一天，新萬里人會接到管理者的道賀電話，並可以隨意提問。到職日當天（固定在星期五），新萬里人會收到一個到職日生存大禮包，裡面裝滿遊戲卡牌、紓壓捏捏球、糖果、玩具槍。此外，他們還會在主管的陪同下，熟悉辦公室環境，以彰顯公司的高績效文化，接著跟其他同事一起外出用午餐，認識彼此，最後再參加團隊派對。到了第二個上班日，新萬里人會與萬里好夥伴（由終身職萬里人擔任）見面，這位萬里好夥伴會定期聯繫新萬里人，回答所有與公司、公司文化，或工作流程相關的問題。萬里富每個月都會在總部舉辦萬里人咖啡聚會，新員工可以與公司創辦人相處一小時，了解公司狀況並提問。[32]

第三基本禮儀：傾聽

　　傾聽是創造、維持與深化人際關係的關鍵，象徵關心、承諾與連結，也可以讓你獲取重要資訊與想法。員工如果不相信上司會聽自己說話，就不太可能說出自己的意見與建議，[33]也有更高的機率陷入情緒耗竭狀態，甚至離職。[34]但傾聽他人勞心又勞力，真的沒那麼簡單。回想一下，你在社交互動的場合中，如果**不是**在傾聽對方，都在做些什麼呢？你可能會打斷發言人、強迫對方聽你的經歷，也可能自顧自地給一些建議。你可能只是假傾聽、真放空，最後驟下結論，幫對方把話說完，或在腦中排練接下來該說什麼。

　　我該如何改進傾聽的技巧？我問過非常多人這個問題，而無論你身處何地、遵循哪種文化，答案都只有一個：全心全意投入。事先準備一份問題或話題清單，以便大腦當機時使用。[35]接著，把時間全都分配給正在和你說話的人。接著，盡量忘掉所有讓你分心的事物，清空大腦。[36]把手機放到一邊，讓自己心無旁騖，全神貫注，將所有感官投入在當前的對話中。禮貌言行的本質在於，以充滿人性的方式與他人連結，若只是被動地聽，根本無法建立連結。唯有完全接受對方與我們分享的事物，連結才會出現。

　　除此之外，還要記得直視對方的眼睛、注意講者的情緒、做出相應的表情。不要批評講者，而要把重心放在情緒與談話的內容上，更要注意對方沒有說出口的話。傾聽時要有耐心，把對方說的話重新述一遍，表示你能理解。但不要在敘述中夾帶新觀點。善用停頓以引出新的資訊，[37] 提出的問題要明確，讓談話的焦點變得更清晰。[38] 必要時，你還可以在傾聽的過程中做筆記，以集中注意力。

　　崔蘇爾（Julian Treasure）是清醒傾聽（conscious listening）的專家，他建議在傾聽時，腦中要謹記 RASA 這四個字母，分別對應**接收**（Receive），把注意力放在對方身上；**重視**（Appreciate），發出一些聲音，如「噢」；**概括**（Summarize），小結對方的談話，像是「所以你認為……」；**提問**（Ask），在對方說完後問一些問題。[39]

　　你是否實踐過這四項原則中的任何一項？一般狀況下，你是完全還是選擇性傾聽？你是否會因為地位、技能、智商、性別或文化背景，就把對方當成空氣？是否有一些因素會讓你停止傾聽，例如談話內容轉為負面，或是你必須接收一些令人不快的資訊，這時你會停止傾聽嗎？

　　下次與對話時，請仔細觀察自己的行為，看看自己是否會用新的想法打斷對方；是否會頻繁改變話題，導向自己有興趣的事物；是否因對方不同意你的觀點而產生戒心；是否會與人爭論；是否會突然放空，需要對方再講一遍；是否說的比聽的多。

　　其實我也犯了很多上述的毛病，改善的關鍵就是多注意他人，修正自己的缺點。如果你和我一樣，總是喜歡打斷別人，那就咬緊牙關，等對方表達完自己的想法後再開口。久而久之，自制就會易如反掌，你再也不用隨時繃緊神經注意自己的行為。你會習慣等對方把事情說出來，甚至會變得更有耐心。我們在第五章討論過，你可以請朋友或同事擔任教練，敦促你練習傾聽的基本功，定期給予回饋，並在你插話時糾正你。

　　大約十五年前，我的好友兼同事彼得發現我有一個習慣，就是喜歡幫對方把話講完。我倆聊天時，只要彼得突然停頓，我總是會把他想說的話講完，或是插入自己的疑問。他禮貌但直接地提醒我好幾次，讓我羞愧地低著頭。雖然我現在偶爾還是壓抑不了插話的衝動，但也有辦法讓自己閉上嘴巴。

　　如果你天生就愛說話，或是不願分享舞台，那就多問問**別人**的想法。當領導者開口詢問他人的意見，被點名的員工內心一定會大受震撼。我認識一位外科醫生，他特別知道運用提問技巧，引導那些地位較低、喜歡把話吞回肚子裡的人開口。他會半哄半勸，讓這些人分享自己的看法，而且讓他們也喜歡這種感覺。

　　先設想一些試探性、有助於釐清狀況的問題，用謙虛的語氣提出，再傾聽對方的回答。舉辦會議時，請某人觀察你的行為，並記錄你的提問與告知比率（questioning-to-informing ratio），至少要達二比一才算合格。記住一個道理，所有人都渴望與他人連結，渴望有人能聽見、看見、理解自己。[40]這三項基本禮儀都與細心和連結有關，只要練好這三招，對方就能感受到你的真心在乎。微笑是利人利己的工具，別忘了時刻留在嘴邊。要記得肯定他人，更要學會傾聽的技巧。與人對話時，你的人要在、心也要在，用開放的耳朵和胸懷傾聽。肯定他人，與同事和團隊成員建立關係。以上這些都是禮貌行為的核心元素。

本章重點

■ 禮貌言行的本質在於以充滿人性的方式，與他人連結。你想與他人連結時會怎麼做？

■ 禮貌的言行之所重要，是因為它可以傳達出和善與能力的特質。

■ 在討論禮貌的其他層面前，請先練好三項基本禮儀：多微笑、多肯定、多傾聽。

第 7 章 ————————————————————

偏見使人無禮

「對所有人有禮，與多數人交際，和少數人親近，交一位
朋友，不與人為敵。」

—— 班傑明・富蘭克林（Benjamin Franklin），美國開國元勳

2013 年春季，阿根廷大主教伯格里奧（Jorge Bergoglio）被
選為本篤十六世（Pope Benedict）的繼任者，成為天主教會新領
袖的他作風鮮明。[1]他打破傳統，僅著一襲素色白袍在聖彼得
廣場公開發表演說。[2]他以方濟各（Pope Francis）為教宗名號，
這是為了紀念為人謙卑、終生窮困，卻不吝救助窮人的修士聖
方濟各亞西西（Saint Francis of Assisi）。[3]舉行彌撒禮時，方濟各
與樞機並坐，捨棄高高在上的御座。此外，他對住所的要求也
不高，以梵諦岡招待所為家，而不是住在富麗堂皇的宮殿裡，
他認為這樣才能更親近人民。[4]

方濟各傳達的訊息不僅僅只是謙卑，還有接受與寬容，更
有要求天主教不要再以偏見度人的意味。在繼任為教宗前，伯

格里奧便要求天主教與弱勢人群、不同信仰者建立紐帶。方濟各在星期三於聖彼得廣場首次會見人民時，鼓勵大家「不要再封閉自我，要多認識其他人、探索人生的邊緣地帶、主動接近我們的兄弟姊妹，尤其是那些遠在天邊的人、被遺忘的人，以及最需要理解、慰藉與援助的人」。到了濯足節當天，方濟各破天荒地在羅馬少年感化院，為兩名穆斯林洗腳，並親吻了他們的腳。[5]

　　方濟各不以偏見度人的事蹟不只這一件，有次某人問他對於教會內的同性戀有何看法，他回答是：「我有什麼資格評斷此事？」[6]此外，他還訂定了慈悲禧年（Year of Mercy），鼓勵天主教徒「敞開」寬恕之心，主動聯繫傷害過自己的人。一般來說，想淨化罪孽、求得赦罪的天主教徒都會前往羅馬的聖門（Holy Door），但方濟各卻宣布，全世界教區的教堂都應敞開大門，包括監獄。[7]

　　這種包容、開放與接受的價值觀在職場同樣重要。眾所皆知，多元化可以為組織帶來更多價值，[8]還能提升團體表現、強化團體決策力、刺激團隊創新力，更可以促進組織市場增長。[9]包容力強的多元化組織，對市場的洞察力也更高。此外，多元化也是絕佳的人才招募利器，可以協助組織網羅菁英。企業評論網Glassdoor近年做了一項調查，發現有三分之二的受試者表示，自己在評估公司與職位時十分看重多元化。[10]

　　然而，單靠多元化其實無法產出我們想要的效益。多元化的真正價值，在於團隊成員的文化與態度。一個組織如果充斥著無禮的言行，所有人都覺得自己不受重視、無法發聲或分享看法，這些人就不會為組織貢獻。在這種狀況下，多元化的意義就不大，人們必須先感覺到自己**被尊重**，才會選擇貢獻。而禮貌的言行此時就可以派上用場，我們必須善待身邊**每一個人**，包括想法與自己不同的人。數據顯示，絕大部分的人都無法做到真正的包容，[11]即便我們知道自己必須包容，卻總是難以真正接納。我們的態度與行為多少會透露出無意識偏見（unconscious bias）。接下來，就讓我們來了解無意識偏見，並看看你與你的組織該如何包容、尊重每一個人。

傷人最快的方法

　　我們或許會在遇到和自己不一樣的人的時候，在心中告訴自己，我們不只要接受，還要發自內心**喜歡**他們。然而，在偽裝的表面下，我們或許還是會因為對方的身分而有成見。為什麼？為何我們無法擺脫這種批判的心態？

　　答案與人類的認知超負荷（cognitive overload）有關，我們的大腦不斷被資訊轟炸，每秒可處理一千一百萬位元的資訊，但人腦有意識的區域每秒僅能處理四十位元。[12]因此，我們接收到的資訊大部分會被大腦以無意識的方式消化掉。為了應付排山倒海的資訊，大腦會抄捷徑，透過刻板印象過濾一些不重要、明顯錯誤的觀念。這些捷徑可以讓我們在資源有限的狀況下，快速做出決策，但也會使我們以偏見待人，誤導我們。[13]

我們可能在毫不自知的狀態下，預設會議桌旁的一位年長者記性不好或卻乏創意。[14]我們會預設立場，認為一名開著休旅車的中年婦女絕對不適任董事會成員——但她可能其實是事業強人。我們會先入為主，認為一個坐著輪椅的年輕人應該沒什麼作為，然後被事實嚇到，因為這個年輕人幾個月前還在美國陸軍當上尉，底下帶了數千名士兵。

我和許多人都同樣深受無意識偏見荼毒。升十年級時，我轉進了一所高級私立中學，我與父母和學校輔導員會面，準備了解新學校在課業方面的事。輔導員直接表明，說我可能跟不上「菁英學生」，雖然她沒有說出「頭腦簡單，四肢發達」這幾個字，但語氣顯然把我當成笨蛋。不僅如此，她還認為我先前讀的公立學校標準較低，所以無法跟上本校高深的課程。

多年後，我開始指導大學生，從不把體育生當成只會運動的笨蛋，也不會先入為主，認為公立學校畢業生的能力較差。我可以理解體育生的處境，我知道他們的經歷，也很佩服他們有辦法平衡學科與術科。即便如此，我還是要學習克制偏見，以免自己忽略了**其他非體育生**。只要稍不留神，過去無意識偏見對我造成的傷害，就會帶我走上不文明的道路，並引發嚴重後果。若我們放任無意識偏見作祟，便會造成職場不平等待遇，也會使團體表現下降。[15]公司管理者可能會錯過最優秀、最聰明的人才，也有可能錯誤評價員工表現，並使用錯誤的回饋方式，不但沒有幫助、甚至還傷害了對方。

有研究指出，無論是男性和女性，都傾向對女性說善意的謊言，目的是為了不讓女性聽到負面、令人尷尬的消息。[16]許多人從小就認為女性很脆弱，是需要受保護與特殊對待的人群，所以對這種行為毫無自覺。但善意的謊言也會造成傷害，或許這使得女性不能像男性一樣得到真誠的回饋，所以無法快速進步，進而影響工作表現。女性也**想聽到**真誠的回饋，她們不喜歡有人美化自己的工作表現。[17]我們本以為實話實說會讓女性不愉快，但其實善意的謊言殺傷力更強。

關於族裔的無意識偏見也會引發類似問題，我曾受某法律事務所邀請，指導員工如何直接評價同事的表現。一名非裔美國籍員工表示，在他看來，少數群體永遠得不到真誠的回饋，因為同事們都覺得他們應該「被保護」，跟女性的處境一樣。其他人紛紛贊同，如果能力不錯卻沒有相應的對待，其實是一種污辱，會讓人走上失敗的道路。這無疑是大材小用，而當這些人對自己的期望開始降低，就坐實了最初失敗的預言，結局是所有人都輸。

對抗無意識偏見的第一步，就是把腦中的假設攤在陽光下，並自問：「我內心有什麼偏見？這些偏見影響了誰？這些偏見會帶來什麼後果？」你可能和很多人一樣，知道無意識偏見的存在，卻懷疑自己是否助長了這個現象。你可能會說：「有偏見的是別人，絕對不是我！我媽媽就是職業婦女，我絕對不會對職場女性抱有偏見。我也有很多穆斯林跟非裔美國籍朋友，不可能對有那種偏見。」[18]

如果你覺得自己內心沒有偏見，不妨做一下內隱聯結測驗（Implicit Association Test）。科學已經證明該測驗有效，可以略過人腦有意識的部分，暴露出潛在的想法，只須五分鐘就可以完成。內隱聯結測驗會透過數種分類（種族、體重、身障狀態、年齡、性取向、性別等），衡量你的無意識偏見。測驗方式很簡單，卻非常狡猾：將你看到的字，在最短時間內分到左邊或右邊。你準備好了嗎？表3是測驗的部分內容，完整測驗的連結請見推薦資源。

表3：內隱聯結測驗

第一輪		
	男性	女性
請分類下列字詞：		
丈夫	☐	☐
叔叔	☐	☐
爺爺	☐	☐
兒子	☐	☐
男孩	☐	☐

女孩　　　　　　☐　　　　☐
母親　　　　　　☐　　　　☐
女兒　　　　　　☐　　　　☐
奶奶　　　　　　☐　　　　☐
妻子　　　　　　☐　　　　☐

第二輪

　　　　　　　　　人文　　　科學
請分類下列字詞：
工程學　　　　　☐　　　　☐
生物學　　　　　☐　　　　☐
音樂　　　　　　☐　　　　☐
化學　　　　　　☐　　　　☐
文學　　　　　　☐　　　　☐
地質學　　　　　☐　　　　☐
英語　　　　　　☐　　　　☐
人文學科　　　　☐　　　　☐
物理學　　　　　☐　　　　☐
數學　　　　　　☐　　　　☐

第三輪

　　　　　　女性或人文　　男性或科學
請分類下列字詞：
音樂　　　　　☐　　　　　　☐

	男性或人文	女性或科學
母親	☐	☐
哲學	☐	☐
父親	☐	☐
歷史	☐	☐
妻子	☐	☐
工程學	☐	☐
兒子	☐	☐
化學	☐	☐
物理學	☐	☐

第四輪

	男性或人文	女性或科學
請分類下列字詞：		
父親	☐	☐
工程學	☐	☐
音樂	☐	☐
女兒	☐	☐
叔叔	☐	☐
數學	☐	☐
女孩	☐	☐
文學	☐	☐
丈夫	☐	☐
物理學	☐	☐

在線上完成內隱聯結測驗的群體中，75％的人完成的速度較快，但前提包括：女性與文理（而非科學）在同個分類；白人的臉孔與正面字詞並列；男性相關詞彙與職業相關詞彙並列。[19]這樣看來，你的膚色、性別、年齡並不重要，無意識偏見是真實存在的，而我們每個人懷抱的偏見都比自己想像的多。

也就是說，我們必須努力消弭日常的無意識偏見，與他人交流時，要時刻質疑自己的想法，修正不恰當的假設。自覺是關鍵的第一步，好好思考自己的習慣，想想哪些人生經歷影響了你的觀點，又是如何影響？

社會心理學家巴威爾（Jay van Bavel）與康寧漢（Will Cunningham）發現，只要把注意力放在自己和對方相似的地方，以及相同的身分上，就能有效限制無意識偏見。在前期實驗中，巴威爾和康寧漢會要求受試者完成分類任務，將字詞歸入「好」與「壞」兩個分類。展示每個字詞前，他們會快速地給受試者看一張白人或黑人男性的臉孔，實驗結果顯示，受試者都展現出典型的無意識偏見，也就是將白人臉孔與正面意義連結。*

接著，研究員找來另一組受試者，進行相同的分類任務。

---

* 看見白人臉孔後，受試者會傾向將負面字詞也歸類為好，且對於正面字詞的歸類正確率會提升。

在任務開始前，巴威爾和康寧漢一樣給他們看人臉照片，並告訴他們其中有些白人或黑人是自己的學生，之後也會加入隊伍，而其他的則屬於另一隊。先前原本只對白人臉孔產生正面偏見的受試者，現在卻對同一組的黑人臉孔有正面偏見。也就是說，知道某人是自己的隊友時，無意識偏見就會消失。[20]

　　想想你與他人的關聯點，列出共通點，暫時不要去管對方乍看之下有多不一樣。突出你們的共同身分，如父母、市民、同一球隊的球迷、同一宗教的信徒等。[21]我們會對團體內成員產生好（正向）感，這是人類的天性。因此，消弭無意識偏見的關鍵，就是找出與對方共有的身分或團體歸屬。

　　除此之外，你也要定期檢視自己的聘僱與升遷決策，[22]看看自己近期是否雇用了太多同族裔應聘者。如果答案是肯定的，那你可能要考慮改變作風，進入新環境，挑戰自己的偏見。[23]我有個叔叔名叫泰倫斯，就透過在舊金山灣區的跨信仰活動來實現這種做法（他在克里夫蘭地區參與種族相關事務的經驗有數十年），聚會上的人包括天主教徒、穆斯林、猶太教與其他宗教的信徒，他們談天、從事各種活動。透過人際互動認識人，就可使偏見煙消雲散。此外，定期了解他人也可以傳播友善的情緒，提升互助的意願。[24]

　　聘僱、績效考核與升遷決策等活動，都應該設立相應制度與流程，以免受無意識偏見影響。不要匆忙決定，要先權衡各項證據，摒除主觀意識。最後，還要採納他人的意見，徹底粉碎腦中的偏見。碰上重大工作決策時，最好善用委員會制度。研究指出，意見分歧的團隊產出的決策，通常都更優秀、更不具偏見。[25]

Google 的反偏見戰役

　　Google 用行動證明，我們也可以從宏觀的組織層面來打擊無意識偏見。[26]Google 深知多元化的價值，所以他們希望打造一個眾人皆可以公開支持多元化，並解決無意識偏見的文化。為此，Google 高階主管自問了下列三個問題：

1. 如何提升集體意識，讓大家知道無意識偏見的破壞力？
2. 公司每天要做哪些決策，又該如何「去偏見」？
3. Google 是否能創造與維持組織文化轉移（culture shift）？[27]

　　想解決無意識偏見問題，Google 得先克服阻礙多元化的最常見路障：否認。員工的典型反應可能是：**「這裡會有無意識偏見的問題？亂講。」**除了要求員工做內隱聯結測驗，Google 還讓員工閱讀職場系統性偏見的研究。[28]其中一項研究指出，男性提出的點子被創投公司採用的機率比女性高60％，提案人如果長得夠帥，機會就更高。[29]

　　此外，員工也會發現無意識偏見的隱形破壞力。Google

高階主管舉出一項研究，該研究先創造了一個虛擬組織，並在組織中使用無意識偏見影響力模型。此虛擬組織共分為上下八個層級，[30]第一級有五百人，第八級僅有十人。[31]研究員假設，每個層級每年的離職率為15％，而離職者會被下一層級的員工替補，替補標準則是績效分數。在設計這個績效分數的差異時，研究人員相當保守，只讓女性員工比男性員工低1％，即便如此，過了十九年之後，第八層級的員工僅有38％為女性。這樣看來，就算績效評等的性別偏見僅有1％，只要時間夠久，也會大幅影響公司的升遷決策，進而改變整體結構。[32]

此類研究成功說服Google，讓他們知道無意識偏見確實存在，而且後果嚴重。[33]Google現在要做的，就是決定消除無意識偏見的方法。雖然心理學與相關領域研究提出的解套方法很少，也沒有足夠證據支持，但Google高階主管是鐵了心要消除無意識偏見（他們的一貫作風）。

首先，他們決定先讓所有員工都理解無意識偏見，所以人員運營部門開發了一套培訓課程，叫做職場無意識偏見（Unconscious Bias @ Work），訓練時間為六十到九十分鐘，員工可以自願參加。課程內容包括外部研究（包括先前提到的研究）與公司內部案例，展現Google打擊無意識偏見的實際作為。[34]（若你對這項培訓內容有興趣，請參考〈推薦資源〉）截至2016年，Google的五萬五千名員工中，有超過三萬人參加了此課程。根據Google的研究，參與課程者對無意識偏見的自覺大幅提升，除了更了解無意識偏見，也更有克服偏見的動力。[35]
相較於控制組（沒有參加課程的員工），參與課程的員工在培
訓結束後僅一個月，有更高的機率會認為Google的組織文化
公平、公正、注重多元化。[36]

　　除了培訓，Google還實施結構性訪談，預防無意識偏見
染指聘僱決策。[37]管理者會收到一張如表4的「偏見違規」檢
查清單，看看自己是否會預設立場，以提升商業決策與過程中
的自覺程度。在Google，主管必須每半年開一次管理者會議，
評估員工的績效，同時會收到這一張檢查表，並應要求在腦中
思考會影響自己決策的行為與情境。主管會應要求完成檢查
表，並在自覺受無意識偏見影響時，向高階主管或其他員工求
援。

表4：Google主管評價員工時的偏誤檢查表

提高「績效評估談話」公正性的檢查清單[38]	
對策	欲打擊的偏誤目標
為你的員工找出該職位或層級該有的工作績效表現	刻板印象偏差
務必使用整個評估期間的資料，來做為回饋與案例的來源	近因偏差**

** 　Recency Bias，指判斷時受到近期的經驗影響，而不看重歷史經驗。

針對尚不可見的重要工作進行討論	可得性偏差 ***
分清楚影響工作績效的情境因素（在職場）與個人因素	基本歸因謬誤
要用評估者自身的多個具體事例，來證明優勢與發展領域的評論	仁慈偏誤、自利性偏差 ****
試想：如果你的直屬部屬是屬於別的社會群體，你的回饋是否仍相同？	刻板印象偏差

　　Google 鼓勵管理者與員工檢視自己的無意識偏見，如果發現別人有無意識偏見時也要予以糾正。我曾參加過 Google 的活動，並被揪出我的無意識偏見。當時是午餐時間，我們聊到懷孕的話題，我有感而發地讚揚了 Google 的彈性工作制度，讓剛生產完的女性可以抽空照顧寶寶。此時，有個員工用半開玩笑的語氣說：「隱性偏見！隱性偏見！」沒錯，我說這話時的確有無意識偏見，對職場女性的觀念已經跟不上時代。如果我們討論的是男性，我絕對不會去想**「他該怎麼兼顧工作跟家庭」**、**「公司會怎麼安排他的工作」**、**「他的職業生涯應該已經結束了吧……」**，或是「他絕對無法兼顧家庭跟工作」。

***   Availability bias，過於看重容易得到的資訊，而沒有發掘其他資訊，從而造成的判斷偏差。

****Leniency Error 與 Self- Serving Bias 皆是描述高估自己、低估他人而造成偏誤的心理狀態。

　　尷尬歸尷尬，但那名員工的提醒也讓我注意到自己的偏見，所以日後不太可能重蹈覆轍。

開啟對話，理解對方

　　許多組織也陸續跟進，開始採納包容的概念，而從他們的經驗看來，光是開啟對話就能帶來改變。2015 年，智遊網（Expedia）包容策略副理威爾森（Britta Wilson）飛遍全球，參訪公司在各個國家的據點，並舉辦研討會、推廣對話，讓員工理解包容的意義。雖然九個月前，智遊網公司文化還不包括「包容」，但公司近期的員工參與度調查顯示，包容已成了智遊網最正向的特色。威爾森告訴我，公司員工越來越能理解為何要創造彼此尊重、信任、平等、機會均等的工作環境，並讓自己成為其中一分子。更重要的是，員工的心態變得更開放、更能接納新的對話。同時，當員工認為自己深受無意識偏見所害，也更可能選擇實話實說，而不是忍氣吞聲。禮貌目前略勝一籌。

　　威爾森近期才在智遊網的全球辦事處舉行員工大會，主題為包容。有次會議結束後，幾名女性員工向威爾森表示，她們覺得被男同事言語攻擊。後來，幾名男員工出面回應，表示自己不是存心貶低女同事，而是因為從小接受了不正確的教育，所以帶有成見、認為女性應扮演「特定角色」。其中一位女性員工說，有次她和團隊正在處理一個棘手的工作，眼看天色漸暗，組長（男性）對她說：「接下來的工作交給我們就好，妳趕快回家幫老公和小孩做飯。」而她回道：「沒關係，晚餐的事我已經安排好了。」從組長的觀點來看，他只是在體貼對方，認為女性同事提早回家是天經地義，而他不過是提早放她下班。接著，該團隊開始熱烈討論隊員的參與度。威爾森表示，如果公司沒有率先提出包容議題並鼓勵參與，員工們絕對不會如此積極。

除了像智遊網一樣舉辦正式研討會，還可以用有趣、具創意的方式鼓勵員工參加。馬斯克創辦的SpaceX也面臨類似問題，公司的鐘點員工與全職員工總是格格不入，而設計火箭的技師與其他員工也有隔閡。為消弭分歧，SpaceX發明了一項叫午餐轉轉樂（Lunchtime Roulette）的活動，公司會掏腰包讓不同部門的員工共進午餐，探索共同的興趣。目前這項活動都進行得十分順利。研究也指出，員工可能會因此更傾向於合作，進而提升工作績效。

方濟各的態度沒有錯，以偏見度人是沒有建設性的，對待人生與身處的組織一定要敞開胸懷。要收割禮貌言行的碩果，就必須抑制不自覺貶低他人的傾向，跟隨方濟各的腳步：時刻尊重他人，相信人人平等。用這種態度待人，身邊的人自然可以發揮全部實力，於此同時，你也能發現自己的潛力。

本章重點

■ 我們的想法與言行都帶有無意識偏見。

■ 你心中懷有哪些偏見？這些偏見對你的人際互動有什麼影響？

■ 提升對無意識偏見的敏銳度，坦白說出自己先入為主的想法，以及這些想法可能對他人造成的傷害。

第 8 章 ————————————————————

給予為什麼值得？

「聖人不積，既以為人，己愈有；既以與人，己愈多。」

—— 老子

　　熟練了基本禮儀之後，就可以進階到下一個階段。首先，我們先來看看基本禮儀之一的微笑。你覺得微笑的真正意義為何？在走廊遇到同事時，你可以選擇點點頭繼續往前走，但如果報以微笑，對方能感受到你和他擦身而過當下內心所產生的喜悅。在那一瞬間，你的表情傳達了溫度與同理心，雖然你**沒有義務**傳達這樣的情緒，但你還是主動示好，而對方也會還你一個溫暖的笑容。

　　想成為職場文明人，我們要給予的不是只有微笑。根據我的研究與顧問經驗，我找出了五種付出的形式，對於打造友善、尊重的工作氛圍尤為重要。掌握這五種形式，便能啟動連漪效應，讓身邊的人也開始給予、付出。古希臘政治家伯里克里斯（Pericles）曾說：「你留給後人的，並非石碑上的

銘文，而是你融入人心的印象。」你今日的付出，就是你來日
的遺產。

聰明分享資源

分享工具、知識、人脈與閒暇時間，可以提升你的文明
程度——或許很多人對此持反對意見，說這個世界競爭如此激
烈，有誰會這麼**大方**，分享寶貴的資源？難道這種想法不會太
理想主義嗎？

一點也不會！華頓商學院教授格蘭特（Adam Grant）在他
的著作《給予》（*Give and Take*）中闡述了一種觀點，那就是在商
業世界裡，給予的行為往往會讓給予者得到更多回饋，而非
損失。在多數情況下，給予起初是沒用的。在業務上，給予者
可能會更看重買家的低價需求，而非自己的目標需求。在醫學
院，某些學生可能會犧牲自己的精力、學習時間去幫助其他同
學。格蘭特發現，這些給予者在幾年後為公司帶來極高收益，
而幫助他人的醫學院學生也取得了優秀的成績。[1]

我們要如何解釋這種結果？答案有兩個：優良的人際關係與
動機。格蘭特表示，付出者與人的連結更具深度、更廣泛，且經
得起時間考驗，最後必將帶來回報。分享資源也會使給予者有更
強的意義感與使命感，因此讓自己多做一些——因為他們覺得自
己的貢獻有意義。所以他們面臨挑戰時也絕不輕言放棄。[2]

　　我在自己的研究中也看見類似效應。我和同事做過一項研究，受試者為四百多名國際顧問公司員工，結果顯示，工作績效最高者與人分享的資源的頻率，比績效一般或最低者高出 2 倍多。[3]分享不只會引出對方善意回應，更能提升工作產值。無論分享者原本的資源是多是少，都完全不影響研究結果。

　　當然，我們對於給予的事物與程度要聰明以對。格蘭特、克羅斯（Rob Cross）與瑞伯爾（Reb Rebele）發現，能增加價值的合作有三分之一都是由 3％到 5％的員工促成。[4]也就是說，有些人可能付出得比其他人多——而且有點太多。他們還發現，區分員工彼此分享資源的類型相當重要，他們在創造價值時，會與他人分享三種資源：資訊資源、社會資源與個人資源。[5]資訊資源是可傳承的專業知識；社會資源包括人脈，以及在人際網路中的位置，可促進同事間的合作；個人資源主要是時間與精力。資訊資源與社會資源的分享效率較高，通常只要透過單次交流即可達成，給予者也不會因此失去資源。但個人資源卻是有限的，且通常會耗損人的精神與時間。

　　雖然我們經常會收到個人資源的請求（像是半小時的會議邀請），但其實只要把資訊傳遞給對方，或做個簡單介紹，通常就能滿足對方的需求。[6]在分配個人資源時，謹慎是值得的，尤其是面對一些造成你負擔的請求。這條建議對女性尤為適用，因為女性傾向於負擔較重，往往會歷經更多的情緒耗竭。[7]《哈芬登郵報》（HuffPost）進行過一項調查，請美國人回報自己為他人奉獻的頻率。結果顯示，男性更願意分享知識與專業（高36％），而女性則更傾向幫助有困難的人（高66％），後者通常會耗費更多時間與精力。[8] 所以請好好考慮一下，看看你是否需要轉換付出的資源類型。

　　然而，如果你屬於付出較少者（占比為95％），那麼就嘗試多給予，你會發現自己有所收穫。你覺得要用什麼方式與社交網路中的其他人連結呢？你分享哪些資訊給朋友或同事，能幫助他們表現得更好？你要如何運用個人的興趣，對社區做出貢獻？與人交流時，你可以做出哪些友善的舉動？你最近有和朋友或導師聯絡，表達對他們的感謝嗎？把上述事情列入待辦清單，觀察你的行為如何影響情緒、精神、大腦與身體。

認可，換來更大的認可

　　除此之外，就算功勞大部分應該歸你，你也要感謝幫助你獲得認可的每一個人。學者作家本尼斯（Warren Bennis）表示，好的領導者享受鎂光燈的照耀，但優秀的領導者會幫助他人發光發熱。[9]

　　謙遜帶給你好處多不勝數，研究員歐文斯（Bradley Owens）、強森（Michael Johnson）與米切爾（Terence Mitchell）做過一系列研究，發現相較於各種人格特質與智力，謙遜（包括欣賞他人的優點與貢獻）才是決定個人表現的重要因素。[10] 謙遜領導者的團隊更注重學習，他們手下的員工參與度，以及對職位的滿意度也越高，也更可能繼續留任。[11]IBM 的 2013／2014 年工作趨勢（WorkTrends）調查共招募了一萬九千多名員工，調查結果顯示，相較於未被認可的員工，被認可員工的參與度高了近 3 倍之多。此外，被認可員工的離職率也低很多。[12]

　　你有沒有在不吝於表揚員工功勞的領導者手下工作過？如果有的話，你覺得替他工作是什麼感覺？我曾和某律師事務所合作，其中有位合夥人特別喜歡表揚同事與助理，會具體說出員工取得的資訊、線索與想法。大家都愛死他了，甚至願意為他赴湯蹈火。他的隊員更願意加班，事務所其他團隊的人也搶著要加入。此外，他的部屬也更樂意發展其他才能，最後造福組織，這是我親眼見證的情況。

　　你該如何才能與人共享功勞，並表揚他人的成績？你應該分享哪些成功的故事？

　　研究指出，小小的勝利可以讓員工燃起動力、提升績效，所以別忘了讚美他人的好表現。[13]密西根州的美食業務集團辛格曼公司（Zingerman's）會在每一次會議結束後，請管理者與員工認可彼此表現，[14]凡是服務表現優異的員工，每個月都會被列在公司通訊報的「服務之星」專區，並收到五十美元獎勵金。員工若是完成職責以外的任務，會被歸入公司通訊報的「超努力員工檔案」。[15]想想看，你今天可以表揚哪名員工的表現？你不願意鼓勵某人是有什麼顧忌嗎？

感謝，會讓你與眾不同

你是否曾經被人感激到不知該如何自處？施瓦茨（Tony Schwartz）是我的好友，也是新聞工作者兼作者。他很喜歡跟人分享一段經歷，當年他還在《紐約時報》擔任菜鳥記者，某天早上他正在電話洽公，這時有位嶄露頭角的編輯走到他的辦公桌旁，拿起一張紙條，寫下「你的報導是今天的最佳作品」這句話。這已經是陳年往事，但施瓦茨仍時常想起當時的畫面。[16] 我也有過類似經歷，我當時剛結束福斯新聞（Fox News）的訪談，我任職的學院院長在我辦公室門縫下塞了一張手寫感謝函。我一直到隔天上班才發現，讀了內容後我驚訝不已。

一張小小的手寫便條就能帶來這麼大的震撼，而說聲謝謝更能使你與眾不同。你知道嗎，大多數人一年最多只會感謝同事一次。[17] 格蘭特和行為科學家吉諾（Francesca Gino）發現，主管只要說一聲謝謝，就能提升員工的自我價值與自信，使他們更願意相信別人，也更樂於伸出援手。[18]

在一項研究中，格蘭特與吉諾請受試者協助一名學生修改求職信，學生收到受試者的回饋之後會回覆：「已收到求職信回饋。」接著，學生會再請受試者協助修改另一封求職信，但僅有32％的人伸出援手。然而，如果學生在收到第一次回饋時附上「非常感謝你／妳的協助」，願意再次伸出援手的人數比例便激增到66％。在另一項研究中，受試者會接連碰上兩名求助的學生，若第一名學生事後有對受試者表達謝意，參與這幫助第二名學生的機率就會**翻倍**，從25％提升至55％。也就是說，表達謝意不僅能讓你在職場上得到幫助，還能造福其他同事。[19]

　　當有人發自內心地感謝你，你的精神會為之一振，覺得全身充滿活力。真誠道謝也是正向行為的催化劑，若你想成為大家都喜歡的人，就要謹記一件事，那就是每個人對於接受感謝（並引發後續正向行為）這件事，各都有好惡。有些人喜歡沐浴在鎂光燈下的感覺，但有些人避之唯恐不及。有些人喜歡親耳聽到謝謝兩個字，有些人則偏好禮物、友善的舉動、一束花、運動比賽門票（當然要是支持的隊伍），或是禮尚往來的援手。花點時間觀察你的員工喜歡哪種方式，當然，直接開口詢問更好。員工會發現你是真心在乎他們成功與否，也會越來越信任你，你們的關係會漸漸升溫，最後你的收入也提升了。[20]確實：懂得感恩的人的薪水比不懂感恩的人高了7％。[21]感恩的心態也能降低壓力與血壓（12％），還可以強化適應力與身體健康，總之是一種妙不可言的感受。[22]

讓數字透明

　　辛格曼公司決定公開分享一件眾人都不願分享的事：績效回饋。這裡的績效，並非單指個人工作績效，也包含了組織的整體績效。辛格曼公司每週都會舉行一次白板會議（已持續超過五年），在會議上，各小組會追蹤記錄工作成果，並預設下一週的銷售與運營數字。這些指標並非只是斤斤計較食物品質、平均銷售額與內部滿意度的數字，也包含了「樂趣」元素（如每週競賽、顧客滿意度評比、員工創意概念）。共享回饋確實提升了辛格曼公司第一線員工的責任感，使他們更願意改善自己的工作績效。在 2000 至 2010 年間，辛格曼公司的營業額成長了近 300％，公司領導層認為「開誠布公管理模式」是成功的主因。[23]

　　若你是管理階層，就要定期和直屬員工更新公司目前的狀況，並設計醒目的記分板，列出團隊的首要任務、目標，更具體地說，是當前狀態（你離目標還有多遠）、目標結果（你需要做什麼），以及期限（何時完成）。鼓勵員工每天或每週查看計分板，開會時點出團隊的進展，並請大家腦力激盪，看看團隊是否能做得更好。

　　別忘了針對個人的績效做出回饋，負面或指示性的回饋其實是一種引導，可以讓員工對自己的行為、能力漸漸產生自信。[24]為了促進直接溝通，一些組織會設法讓員工進入「安全空間」，讓他們在舒適的狀態下，透露出不怎麼中聽的資訊。當有人要直話直說時，嬌生公司（Johnson & Johnson）的做法是從議室的櫃子上拿出一隻駝鹿娃娃，放在桌上，代表現在可以暢所欲言，無須美化言詞。

　　表揚某位員工的強項，有助於提高成就感與動機，讓個人繼續進步。給予同事更多正面回饋的人，也會是工作績效最高的。高績效團隊分享的正面回饋次數是普通績效團隊的 6 倍；[25] 低績效團隊分享的負面回饋次數，是普通績效團隊的 2 倍。績效管理諮詢公司蓋洛普（Gallup）做過一項調查，員工如果發現管理階層重視自己的強項，這時會有有 67％的人全心投入工作，但如果管理階層只看到缺點，全心投入的比率便會降到 31％。[26]

　　給予正面回饋講究的是時機，要抓住對方表現亮眼的瞬間。你是否常常忽略某些團隊成員的貢獻？把他們的名字寫下來，等到下次他們再有好表現時，直接點出他們的名字。越具體越好。此外，你如果越能注意到對方在意的點，你對他們的潛在影響力就更大。有些人喜歡當眾受到讚美，有些人則喜歡私下聽到一句「幹得好」。有些人會對自己經手的專案、或取得的成果特別自豪，而你也要盡量認可。你可以混合正面與負面回饋，取決於你希望隊員要開始、停止或維持某些行為。看看你能否針對提示列出一些簡單對策，然後分享給大家。

　　假如回饋真的這麼好，以下幾個步驟可以加強它的強度與效果。首先，嘗試理解接受方的心態與情緒。接著，盡量以直接、真誠的態度，解釋你給予回饋的原因。試想一下，如果你現在是要給自己回饋，**你**會想聽到什麼？此外，請把回饋的重點放在將來：你的員工接下來該怎麼做，才能更上一層樓？

　　此外，正如我們在第五章提到的，給予回饋時要注意自己的臉部表情。研究員德斯伯羅（Marie Dasborough）做過一項實驗，受試者被分為兩組，其中一組接收到負面回應，但搭配正面情緒信號（如點頭與微笑），另一組收到正面回饋，但搭配的挑剔的態度（如皺眉與瞇眼）。[27] 德斯伯羅則在一旁觀察兩組的反應。在隨後的訪談中，她發現收到正面回饋搭配負面情緒信號的受試者，會認為自己的表現較差，而收到善意負面回饋的人卻認為自己的表現尚可接受。[28] **給予回饋的方式**，往往比回饋的內容還重要，這一點請務必牢記在心。

使命感帶來幸福感

　　你的努力，要如何擴及到同事圈與組織之外？你要怎麼做，才能改善或啟發他人的生活？你該如何聚集眾人，一起實現共同利益？多數人都希望自己的努力有意義，但有太多人認為，自己再認真也無法改變現狀。這種想法太悲觀了。其實，認為「自己的工作有意義」的想法，可以促進個人成長、[29] 改善工作參與度，[30] 並提升幸福感。[31] 而讓別人認為他們的工作有意義，也能帶來好處，除了可以讓他們激發上進心、提升表現，還可以強化且深化你們的關係。[32]

　　所有人都能為同事的工作注入意義，但格蘭特發現，最能激發員工的是終端客戶（即組織產品與服務的受益者）的回饋。[33]在數位媒體公司The Mighty，員工會分享與張貼讀者提供的故事，內容都是感謝員工的支持、鼓勵或資訊。每次開會時，The Mighty的創辦人都會詢問員工，他們本週碰上了什麼有意義的事，而員工在講述自己與他人的故事時，臉上都會流露出驕傲。

手鐲飾品公司My Saint My Hero的理念是「改變人生，創造美好世界」，[34]其販售的珠寶與祈願飾品，都是由波士尼亞與赫塞哥維納、烏干達、義大利與柬埔寨的貧困婦女製作。她們用製作首飾的收入養家活口，幫孩子買鞋、付大學學費。My Saint My Hero的員工都看過這些婦女的照片、故事與影片，也知道公司對她們生活的影響。百里富的員工很清楚公司的使命：幫助世上所有人聰明投資。[35]自2015年起，百里富管理階層會邀請客戶來公司親口感謝員工，並講述百里富如何改變了自己的人生。此外，在IMF（國際貨幣基金組織）中，某國的財政部長與來自各國的受捐人出席，向IMF的數據分析師與經濟學家解釋IMF如何造福自己的國家。他們也向IMF提出回饋，幫助提升援助工作的效率。

重視每一刻：金寶湯的成功策略

如果將本章提出的五種付出方式變成習慣，你就能建構一個溫馨且高度肯定員工的文明工作環境。但想成為文明人，並

不只是勾選清單這麼簡單，你必須敞開胸懷，接受更具包容性
的思維，把付出落實到生活中的每一刻。只要付出付諸行動，
你自然就能贏得人心，為組織與其他利害關係人帶來莫大的效
益。

　　付出型思維的力量有多大？我們可以在金寶湯公司（Campbell
Soup Company）找到答案。科南特（Douglas Conant）自2001年擔任
金寶湯執行長，當時公司市值僅剩全盛期的一半，產品銷售量持
續下滑，組織也尚未從一系列裁員中復原。金寶湯的工作環境已
惡劣到無以復加，據諮詢公司蓋洛普一位主管所言，金寶湯的員
工參與度「是財星全球前五百大企業中最低的」。[36]

　　時間快轉到2006年，金寶湯在科南特的領導下徹底改頭
換面，到了2010年，員工的績效已突破公司紀錄，領先標普
指數（S&P）5倍之多。此外，金寶湯也被認定為全球最具誠信
的公司，囊括各種「最佳」頭銜，包括最佳工作環境、最佳女
性工作環境、最佳多元化職場。[37]

　　金寶湯的轉捩點是什麼？科南特認為是這兩件事：鋼鐵的
原則、柔性的待人策略。[38]想讓員工買帳，就必須先讓他們
相信老闆是發自內心打算投資員工，只要科南特展現出這種決
心，員工自然會盡心盡力。科南特上任第一天，就把這條哲學
搬上檯面，稱其為「金寶承諾」——金寶重視你（Campbell's will
value you）。[39]

　　科南特認為，展現投資員工決心的方式也是關鍵，重點在

於員工「接觸點」，即每天與員工的短暫互動。地點可能在走廊、員工餐廳裡或會議室，[40] 只要善用這些接觸點，他就能讓員工覺得受重視，並塑造自己同進退的領袖形象。科南特並不是守株待兔，而是主動**創造**接觸點。舉例來說，他擔任執行長時寫過三萬多張感謝信，分送給兩萬名員工。[41]

　　當然，大多數人沒有機會擔任財星全球前五百大企業的領導者，並扭轉公司現況，但我們依舊可以透過每天的付出來展現領袖特質。只要誇獎員工的好表現，就能打造出一支向心力與績效雙高工作團隊。對於員工的努力、積極性與績效，進行認可、強化與讚美，藉此贏得人心；與員工分享成功案例；設法突出員工的進步，並為他們的工作注入意義；適時投入時間與精力。這些行為都能提升職場文明度，讓員工做事更有幹勁。

本章重點

- 分享資源，但懂得分寸。
- 為人要謙遜，不吝分享功勞。
- 給予回饋時要注意自己的態度，給予認同並理解對方的情緒。
- 讓對方覺得自己做的事有意義。他們的努力會對其他人產生哪些正向影響？

第 9 章 ———————————————————————

數位禮儀之道

「人性始終位於科技之上。」

—— 愛因斯坦

　　你有沒有過這種經驗，上一秒剛送出電子郵件，下一秒就立刻後悔？帕特森（Neal Patterson）是上市軟體公司塞納（Cerner）的執行長，他非常懂這種滋味。2001年3月13日的上午7點45分，帕特森開車抵達公司，發現停車場空空如也。他覺得公司所有人都在偷懶，所以發了一封電子郵件給四百多名員工，內容如下：

　　　　我們在堪薩斯城有不少員工，每個人每星期只須工作40小時。停車場上午8點幾乎是空的，下午5點也一樣。主管要嘛不知道**員工**在做什麼，否則就是不在乎。這就是你們對**員工**的期待，放任這種現象出現在塞納，營造出一種不健全的環境。不論你是不知道還是不在乎，都給我把問題解決，不然我會把你換掉。每週只須工作40小時——我出社會之後從來沒帶過這種團隊，結果我卻讓你們創造這種文化。**到此為止**……這種慘狀沒消失的話，我這個CEO不會同意新的員工福利……我決定暫緩所有升遷計畫，除非我相信被升遷的人能解決問題，而不是製造問題。如果你在製造問題，就可以開始打包了……我只給你們兩週時間解決。我只看停車場，早上7點半到下午6點半前必須停滿。晚上7點半，送餐給加班團隊的披薩外送員必須準時出現……你們只有兩週，倒數開始。[1]

信件的完整內容很快就被發布到雅虎（Yahoo）的討論區，而且立刻被《華爾街日報》（Wall Street Journal）、《金融時報》（Financial Times）、《紐約時報》、《富比士》（Forbes）和《財星》拿來大做文章。短短三天，塞納的股價就暴跌了22％，虧損約三億美元，而帕特森的個人資產也縮水了兩千八百萬美元。

一切源於一封措詞不當的郵件。

為了避免步上帕特森的後塵，請參考表5的「**不該發送電子郵件的時機**」快速指南。

表5：不該發送電子郵件的時機

— 當你有不得不（用電子郵件）發表意見的衝動！
— 當你無法解決分歧
— 當這封郵件會引起負面回應
— 當你憤怒
— 當你覺得不受重視
— 當你知道收件人壓力很大
— 當你感覺壓力指數上升
— 當郵件內容是壞消息

　　電子郵件是企業發展的一大助力，卻也在職場上掀起無禮的狂潮。寄件人不尊重的方式千奇百怪，除了怒氣值爆滿的用詞、令人難堪的內容，還有極度不正式的格式，以及流水帳的寫法——而收件人與之不相上下的無理回應像是，不照約定時間回信或不回信、總是「全部回覆／回覆所有人」，或是為了讓某人難堪而轉發信件。在打造文明職場時，我們也必須注重電子郵件的禮儀，才不會讓有線上與線下兩副面孔。

提高自制力的基本守則

要避免像帕特森一樣暴怒其實很簡單，我們只要多觀察自己的情緒狀態，並用一些老派但好用的自我控制方法。不過，要在數位禮儀中注意到某些細微失誤，這就比較困難了。我們使用電子郵件的諸多問題的根源，就在於這種交流模式缺乏細節。我們寫好郵件，收件人會收到我們打出的文字，或許還有一兩個表情符號，卻不到我們的肢體語言和語調。在面對面溝通時，這兩種元素可以傳遞不少訊息。於是，線上溝通的誤解與失誤機率也就與日俱增。

解決的方法就是好好思考發送電子郵件的方式、時機與原因。要注意內容的長度，這就等於你尊重收件人的時間。寫得簡明而誠懇；不要隨意發送；要及時回應；使用合適的語法；別在大群組中透露私人信箱。以上這些，以及表 6 中的做法並不複雜，但我們在生活中的時間與壓力夾擊之下，卻總是無法運用。[2]

表6：使用電郵線上溝通的基本法則

電子郵件禮節守則

- 主旨簡明扼要。實用性優先於創意。

- 複製他人內容時要謹慎，只選用必要之處。

- 要將所有線上的請求，視為當面請求。

- 對於自己的幽默感、諷刺或批評有疑慮時，要重新讀、重新反思，並克制衝動。

- 對於自己的口吻不確定時，先存成草稿，過陣子再用全新的視角讀一遍。

- 考慮發送時間，你可以先寫好，並排定傳送時間。

- 注意所有時間、日期、時區與縮寫字是否有誤。

- 回覆郵件前必須先詳讀內容。

- 不緊急就不要標註「急件」，讓收件人自行判斷是否為**「急件」**！

- 避免使用「通知發信人」與「待處理標幟」功能。

- 信末附上簽名檔，包括你的全名、職稱、聯絡資訊，尤其是你的聯絡人也有附上這些資訊。

- 千萬不要把會讓收件人尷尬到死的內容寄送到公用信箱。

- 注意收件人的順序，一般都是以職位高低排列，也有可能是以該項業務的權責高低排列。

- 道歉時，思考電子郵件是否為最佳解？先用電子郵件破冰，之後再親自道歉是一種好方法。執行時，主旨必須包含「致歉」兩個字，確保收件人會讀信。

- 除非有必要，否則別「全部回覆／回覆所有人」。

- 寫英文郵件時，不要所有字母都大寫。

- 別為了使某人難堪而轉寄信件。

- 當面不會說的，就別寫到信裡面。

- 別用驚嘆號來表達負面情緒，在嚴肅的信件中最多使用一次。

當你有求於人

　　在寫郵件提出請求時，一定要確定你是真的需要，而且這個請求對於收件人是合情理的。[3] 而且做好該做的事，如果你在網路上就能找到，或是已經有更方便的取得方法，那就別節外生枝。[4] 以下提供幾項補充要點，可以讓你在寫郵件提出請求時，顯得更有禮貌：

- 請求內容簡明扼要，要包括人員（who）、事件（what）、時間（when）。

- 若收件人需要按郵件指示去行動，請在主旨中明確寫出。

- 感謝收件人——請發自內心。

- 可以的話，盡量不要把期限訂得太近。
- 不要擅自敲定會面時間，或是給出極少的談話時間選項。
- 在追蹤進度前，要給收件人充足的準備時間。

不該發郵件的時機

「本公司正在進行人力精簡通知。很抱歉你的職位是被淘汰的其中之一。」[5]你收到這種信件會做何感想？電子產品零售商睿俠（RadioShack）的四百名員工，就是這樣得知自己失業的事實。非常不禮貌。可惜的是，這種狀況其實不罕見。每一次碰上這種必須當面處理的麻煩事，人們的第一直覺就是用電子郵件或電話解決，這見怪不怪。在我設計的無禮程度測驗中（詳見第5章），**最多**答題者自認犯過的，就是在需要當面溝通時使用電子郵件。敏感議題、衝突情境，以及績效評估都必須當面處理。這個經驗法則很不錯：如果你不確定該不該發這封郵件，那就停止動作。拿起電話或直接當面溝通。

正確發送電子郵件不只要知道**不該**發送什麼內容，也要知道何時**不該**發信——或說何時不該點開郵件。我曾與數千名主管、經理聊過，發現有四分之三的人都認為，在會議期間使用電子設備是沒有禮貌的行為。但根據我的無禮程度測驗結果，有近70％的人承認自己在開會時使用電子設備。

吉爾伯伊（John Gilboy）是一間企業價值數十億美元的消費

品公司前資訊長，曾經對不禮貌的寄件人採取激進的政策。有次週會，他發現他的資深團隊成員心不在焉，全都忙著用筆記型電腦打字。雖然他們人到了，但心卻沒到，這種情形不僅讓與會人員無法專心，也會打擊士氣、增添壓力。

吉爾伯伊亟欲遏止這種一心多用的歪風，最後決定做個實驗，在會議室門外放置一個紙箱，要求所有與會人員把手機和電腦放進紙箱，確保開會時能全身心參與。一開始大家都很排斥這種做法，但幾個月後，週會的效率變得奇高無比，所花的時間只有以往的一半。誰會不樂見這種結果？此外，人們參與得更多，就會更投入也更快樂。吉爾伯伊的實驗讓團隊發現「人到心也到」的好處，並在參與其他會議、與人互動的過程中貫徹此優良習慣。[6]

切斷與電腦和手機的連結並非易事，但我聽過太多員工抱怨老闆，說他們總是心不在焉。幫幫自己，也幫幫別人，和人談話或見面時，把手機放到一邊，將**對方**視為最優先。你甚至可以嘗試一些老派做法，在談話時做筆記，讓員工知道你想記下他們說過的話，而員工也會發現這一點，並感謝你給與的尊重。

定下尊重的基調

領導者以身做則，能建立電子郵件的禮貌常規。舉例來說，若主管老是在傍晚與週末發信，員工就會覺得自己非讀、非回不可。主管即使並不指望馬上收到回信，但他們的行為卻是另一套。

如果你可以無時無刻寫郵件，那不妨將寫好的郵件放進草稿匣，等到上班時間再傳送。你會發現回覆速度會變得更快。曾有研究探討超過兩百萬名電子郵件使用者，發現他們在工作時間內的回覆速度較快。若你知道收件人不在辦公室、正在度假，或是在另一個時區，也可以排定傳送時間。就算你在工作日發信，也別指望員工立刻回覆，否則你會發現員工焦躁不安，開始瘋狂回覆郵件，完全不分輕重緩急。[7]

加州大學爾灣分校教授馬克（Gloria Mark）做過一項實驗，讓一群美國陸軍聘僱人員五天內不碰電子郵件，最後發現他們的壓力指數下降（以動態心電圖測量）。此外，受試者也表示，自己感覺更能掌控工作、更願意與人面對面交談、工作產值也更高。[8]

馬克建議，組織與領導者應該鼓勵員工每天在固定時段查看郵件，不要動不動就收信。[9]也有其他研究支持這樣做的好處，研究人員設計了為期兩週的實驗，受試者分為兩組。實驗第一週，第一組受試者每天只能在固定的三個時段收信，而另一組則被告知可以隨時查看收件匣。到了實驗第二週，兩組將交換指示。被限制收信時間的員工表示，經歷一週後，他們覺得壓力變少了（相較於可以隨時收信的員工）。此外，「電郵

「極簡員工」回信的數量其實跟另一組差不多，但花費的時間減少了20％。[10]

不是無解，只是需要提醒

雖然本章聚焦在電子郵件，但讓我們把眼界延伸到更為廣袤的網路世界。《2014年美國文明行為調查》的結果顯示，70％的人認為網路助長了無禮言行。[11]不過網路上的管理難度極高。我們該如何防堵網路酸民的攻擊？我們要如何保護人們，尤其是青少年，不受網路上的惡毒言語和影像汙染？

在過去三年間，銳玩遊戲（Riot Games）的設計師與科學家團隊攜手合作，想解決這個棘手的問題。他們針對的是紅遍全球、坐擁六千七百萬玩家、總收入約十二‧五億美元的《英雄聯盟》（League of Legends）。[12]銳玩遊戲將玩家分為積極行為玩家與消極行為玩家，赫然發現消極遊戲行為（如講垃圾話或罵人）絕大多數都不是來自於惡劣成性的那些玩家。反之，有87％的遊戲惡劣行為都是出自行為積極或中立的玩家。此外，銳玩團隊還發現，當一名消極玩家配對到另一名消極玩家，就會導致消極行為的惡性循環。[13]

為了減少無禮言行，銳玩團隊設計了有助於遊戲禮節的二十四種遊戲訊息或提示，像是「如果你對玩家失誤給予建設性的回饋，他們下次就能改善」。還有些是譴責不當行為的提示，像是「如果隊友失誤，罵隊友會讓他表現得更差」。這些提示會以三種顏色顯示，並在遊戲不同階段出現。銳玩團隊測試了二一六種提示條件，與之對照的則完全沒有提示的控制組。[14]

　　某些提示確實可以遏止不當行為。與控制組相比，螢幕顯示「罵隊友會讓隊友更差」的警告可以降低6.2％的言語暴力，以及11％的侮辱性言語。當提示是以紅色顯示時的遏止效果最強，因為在西方文化中，紅色與迴避錯誤有關。鼓勵團隊合作的正面訊息，可以減少6.2％的侮辱性言語，並帶來些許附加效益。[15]

　　銳玩團隊之後還在玩家社群裡發起文化改革活動，[16]但要在匿名社群中引入結構制度與治理概念實在是太難了，於是他們聚焦在最顯著的因子上：積極與消極遊戲行為會帶來的**結果**。為了產出有意義的結果，銳玩團隊創造了一項機制，可以讓玩家針對遊戲行為來即時回饋。2011年啟用的「審判系統」於會創建公開的行為「案件檔」，由玩家自行評定行為「可接受」或「無法接受」（玩家在回顧遊戲與聊天內容時，可以對各種遊戲行為進行投票，決定「可接受」或「無法接受」）。每當玩家在審判系統回報其他玩家的狀況時，機器學習系統就會收到通知，銳玩團隊便會施加相應的懲罰或獎勵。[17]銳玩團隊發現，當玩家收到的回饋越明確、越即時，他們修正行為並成為遊戲文明人的機率就越高。[18]

銳玩團隊相當滿意審判系統帶來的成效：絕大多數線上玩家都反對仇恨言論。而在北美地區，線上玩家最痛恨的就是恐同相關的言論。[19]

在獲得一億次的審判系統的投票結果之後，銳玩團隊開始專注於讓正面詞語取代負面詞語。這個政策讓恐同、性別歧視、種族歧視的相關詞語使用大幅減少，在《英雄聯盟》各類的遊戲中出現的比例僅剩2％，言語暴力也減少超過40％。令人震驚的是，有91.6％的消極玩家洗心革面，在被舉報並接受懲罰後，**再也**沒有犯過類似的錯誤。《英雄聯盟》正在改頭換面！[20]

銳玩遊戲社交系統首席設計師林侑霆（Jeffrey "Lyte" Lin）表示自己收過一封信。有個男孩在遊戲中使用種族歧視語罵人，因此被隊友檢舉，他在信上寫道：「林博士，第一次有人告訴我不可以在線上罵人是『黑鬼』。很抱歉，我以後不會再這樣做了。」[21]

銳玩的研究團隊正在嘗試其他方式改善《英雄聯盟》玩家互動，希望透過榮譽點數與其他獎勵提高玩家的運動家精神。除此之外，他們也在研究如何改善聊天室的用語。[22]

我們可以從銳玩遊戲的經驗中學到不少，無論是在玩線上遊戲時、上班或下班時，一定要謹記：實踐數位禮儀可以提升工作成效。在線上溝通時要特別為對方著想。這跟一般人類行為的道理相同，小小改變可以帶來大大不同。每封電子郵件都

實踐你的禮貌，你就會逐漸讓你的線上工作場所跟真實的工作
場所一樣，變得令人愉快、有成就感。

本章重點

- 你發送的電子郵件是否會造成誤會？若對自己的幽
  默感、挖苦或批評有疑慮，那就要重新讀、重新反
  思，並克制衝動。

- 你一定要用電子郵件溝通嗎？還是說你的情緒、對
  方的情緒，或是當前碰上的議題需要面對面溝通處
  理？沒有明確答案的話，那就拿起電話，約個時間
  用 Skype 視訊聊聊，或是見面把事情說清楚。

- 列出你在傳送電子郵件時想遵循的禮貌規範。你是
  不是每天都會陷入發送郵件跟等待郵件的循環？

- 調整自己查看收件夾的頻率，限制自己一天只能查
  看電子信箱三到四次，看看感覺如何，以及對工作
  效率有何影響。

建立你的文明職場

◆

組織該如何系統性地改變自身文化，提升文明度？在第三部分，我將提出一套四步驟的計畫，稱為「文明度循環」(Cycle to Civility®)。這套計畫涵蓋了員工的完整週期：招聘、指導（入職與培訓）、評分（考核與獎勵）、實踐（改善、解僱與離職）。雖然改善單一步驟也可以提升職場文明度，但多管齊下可以讓組織文化更快速走向文明化。你做得越多，員工就越能看見禮貌言行的深層影響。

第 10 章 —————————————————————

如何招聘到文明人？

「對人類文明來說，一個人的品格比智慧更重要。」

——孟肯（H. L. Mencken），新聞工作者

　　約翰·伍登（John Wooden）是入選籃球名人堂傳奇教練，他有次談到一次極度成功的面試經驗，當時他面試了某位潛力新星。他拜訪那名年輕球員，談話到一半，球員的媽媽禮貌地問了伍登一個問題，年輕人立刻看向母親，並說：「妳怎麼這麼無知？閉嘴聽教練說就好！」[1]

　　伍登很驚訝，認為這個球員的行為令人完全無法接受，於是立刻盤算著要撤回獎學金。他認為：「如果連媽媽都不尊重了，在高壓的球場上怎麼可能會尊重我？」伍登教練禮貌地結束了會面，且撤回了獎學金。這名球員後來接受了另一間學校的獎學金，並在球場上大放異彩，所屬球隊甚至多擊敗了伍登領軍的加大洛杉磯分校棕熊隊（UCLA Bruins）。為什麼伍登仍會認為這次面試極度成功？伍登的說法是：「我很滿意自己的

洞察力，我及時發現了一件重要之事，不讓他用他的『價值觀』汙染我的球隊。」[2]

　　對伍登來說，好好待人比什麼都重要，他曾說：「我最看重的，就是一個人要為他人著想，而不是只會利用他人來達到商業目的。你必須傳達這件事。如果你不在乎他人，他們對你也永遠一樣，而公司會在環境變差時受影響。」[3]我接觸過許多公司，都抱持著伍登這種組織文化的理念，且從公司的招聘階段就開始了。伍登認為，要求成員行為符合高標準，並堅持不降低用人標準，是領導者的責任，而他也有自己的一套本事——在麻煩進入球隊前，先將其排除在外，他形容這是「不讓一顆老鼠屎壞了一鍋粥」。[4]

　　為了區分球員的文明程度，伍登設計了一份性格調查表，內容涵蓋道德行為的各個面向。他會讓球員在簽約之前先填寫調查表，並從各方打聽球員的資訊，像是中學球隊教練、隊友、牧師、學校行政人員、老師，甚至是競爭球隊的教練。此外，伍登也會檢視球員在校的成績單，並調查家庭背景。[5]在其他教練眼中，球技可能是最重要的一環，也可能是唯一考量，但球季對伍登來說只是入場券。

　　招聘員工時，你可以參考伍登的做法，不要讓病毒混進組織。我們已經討論過無禮言行的成本，但更重要的是，我們要意識到「公司如果找不到文明人，也會產生成本」。麥挪（Dylan Minor）與豪斯曼（Michael Housman）兩位研究員發現，一名有害員工會抵銷掉兩名或更多優秀員工的生產力。一名優秀員工（生產力在所有人的前1％）每年會為公司添上5,000美元的利潤，但有害員工每年會耗去12,000美元的成本。[6]如果納入其他成本，如訴訟費用、員工士氣低迷、客訴案件，那麼實際差距會更大。就我自己的研究數據，無禮員工對企業的負面影響會大與禮貌員工的正面影響。[7]所以說，在有害之人進入你的公司之前就防患於未然**至關重要**。本章將告訴你如何進行。

洞察細節的聰明提問法

　　面試求職者時，請使用伍登的技巧來淘汰掉不文明的人。接著，在面試過程中，要注意是否有禮貌言行的蛛絲馬跡。不要問假設性的問題，例如「你會怎麼處理某件事」，或是「如果……你會怎麼做」，而是要具體問出對方過去是如何處理某些狀況的。要確立你企業的價值觀，並詢問他或她過去的行為是否相符。不要聽到第一個答案就停下，要多問兩、三個問題。

　　採用結構式面試法，用同樣的順序詢問每個求職者同一套問題。研究指出，這一類面試在預測面試者的表現時更可靠，而且在本質上較鬆散的職務上也適用。[8]請考慮以下的面試提問：

- 你的前雇主對你的評價是正面還是負面？

- 你的前部屬對你的評價是正面還是負面？
- 你最想提高自己哪個方面？其次是什麼？有第三項嗎？
- 什麼事會讓你發脾氣？最近一次情緒失控是什麼時候。
- 當你不得不處理工作上的壓力或衝突時，你怎麼解決？請給出一個實際例子。
- 你如何知道自己面對巨大的壓力？你有什麼線索嗎？
- 你有失敗經驗嗎？描述一下當時的狀況，以及如何處理，又學到什麼教訓。
- 有實際案例可以證明你具備管理、監督他人的能力嗎？
- 你覺得跟哪種人共事最難？請告訴我一個例子，並說說你是如何處理。
- 你覺得跟哪種人在工作上最合得來？請說出你最棒的團隊合作經歷。

與此同時，請觀察下列行為：

- 求職者是否準時到場？
- 求職者會不會說前雇主或其他人的壞話？
- 求職者是否為自己的行為負責，並承擔後果？還是喜歡指責別人？

說了什麼固然重要，但注意他們**沒說**什麼也很重要。當談到關於禮儀的細節時，要注意非語言線索，看看求職者是似乎樂於討論，還是皺起眉頭、坐立不安？求職者是否認同你公司的價值觀？如果你的價值觀跟他不一致，最好盡快釐清。線上鞋衣零售商薩波斯（Zappos）會要求準顧客服務代表參加為期十天的強化培訓課程，學習企業文化、策略與銷售流程。到了培訓的最後一天，教練會告訴所有新進員工，如果現在退出課程，可以得到對應訓練時數的時薪，以及一整個月的薪水（當時最高是 3,000 美元，現在更高）。[9]

追蹤跟求職者有接觸的員工（不只是參與面試者），並把這當作是面試的一環。問問停車場管理員和你的助理，看看求職者的態度如何。是和善、親切、尊重他人，還是粗魯、高傲呢？許多專業人資告訴我，他們所收到對求職者最有參考價值的一些回饋，是來自機場接送的司機，或者在門口迎接的櫃台接待員。

團隊讓你提高勝率

讓你的團隊參與！邀請團隊成員與求職者共進午餐或晚餐，或是一起參加活動，例如球賽。這也是提供一個直接的機會，讓求職者觀察你的團隊與組織價值觀，幫助他們思考該不該留下。如果雙方價值不一致，你們此時還能省下彼此寶貴的時間，避免挫折與傷神——更可以讓公司省下一大筆開支。

值得你一試的打聽技巧

我曾與某間醫院合作過，他們在招聘新的放射科醫師時，就成功避免踩到地雷。他們錄取了德克，一位有許多可靠推薦信的厲害醫師。德克面試的成績非常優異，但一名放射科的助理卻有種預感，覺得事有蹊蹺，於是便打了電話給業界的朋友，發現德克之前會虐待部屬。助理將她的發現告訴部門主管。雖然已經發出錄取通知，但主管反悔並敬告德克：就算接受錄取，醫院也會馬上開除他，而這可能會影響他日後求職。

這個故事可以對比另一間醫院的故事。後者因為一位才華洋溢卻無禮的醫生而損失了**數百萬美元**。招聘委員會如果有做功課，馬上就會發現這位醫生過去的脫軌行為，包括前一間醫院對他提出的正式投訴。後來，這位新上任的醫師冒犯了護理師與技術人員，結果引起訴訟，造成巨大的財務與精神損失。

針對求職者做功課是必不可少的，正如伍登的例子，適當的背景調查是你在挑選員工時最有利的工具。了解求職者的行為紀錄有助於預測他們為你工作時的態度。也可以問問推薦人，求職者是否有任何展現出禮儀核心特徵的具體行為，像是「你和喬伊共事是什麼感覺」，或「喬伊有沒有需要改進的地方」。分享你們公司的核心價值觀給推薦人，並請對方想想看求職者是否有展現出同樣價值觀的時刻。求職者曾經做了對公司有負面影響的行為嗎？

你也可以問推薦人：

- 以前的部屬對他／她的評價好嗎？
- 他／她的情商如何？是否會察言觀色，並修正行為？
- 他／她可以適應各種情況，並跟不同類型的人共事？
- 他／她的合作能力如何？善於團隊合作嗎？
- 他／她面對權威的態度如何？
- 你是否願意再找他回去工作？

透過電話（而非郵件）最能揭露出求職者的行為問題。許多經驗豐富的招募專員都表示，他們從推薦人那裡得到最有用的資訊，通常是追問得來的。線索不一定是談話內容，而主要是推薦人的語氣、態度和語速。仔細聆聽並找出問題的線索。

不要太拘泥於推薦人名單，要善加利用自己的人脈。像是美國前勞工部副部長盧沛寧就喜歡直接致電給認識求職者的人。他說這招屢試不爽，他可以從他信任對象那裡得到幾乎所有的相關資訊。

跟求職者的同事（且職位比求職者低）聊聊也很有效。轉向職場以外認識求職者的人，像是宗教領袖、社區領導者、教授、教練等，也別忘了看看求職者在線上的個人檔案與社群網路貼文。

銳玩遊戲的線上行為資料庫

　　銳玩遊戲的研究員想知道，遊戲中的惡劣玩家是否在職場上也如此惡劣，於是分析了一千八百多名員工的聊天紀錄，他們全都玩過自家最紅的遊戲《英雄聯盟》。觀察每位員工前十二個月的遊戲紀錄，結果發現玩家在遊戲中的惡劣程度，與在職場上的負面行為高度相關。在銳玩遊戲員工群體裡，僅有一小部分員工（約 1.5％）會在線上遊戲表現出某種程度的惡劣，像是不合群、說些尖酸刻薄的評論。但前一年被銳玩辭退的員工群體中，有 25％的人都在遊戲中的惡劣程度非常高。他們還仔細觀察了銳玩領導階層的遊戲行為，並很高興的發現，其中沒有人有不良行為的跡象。[10]

　　銳玩研究員還發現了一個普遍現象，那就是線上遊戲玩家的惡劣指數呈現波動，他們甚至可以測量並預測其惡劣行為軌跡線。根據這些結果，研究人員開始設法改善員工玩家的行為，而領導階層也趁此機會，與線上表現最惡劣的三十名員工面談（他們都很資淺，才剛出社會）。在每一次個人面談中，研究團隊會引用遊戲聊天紀錄，探討特定的線上惡劣行為，並提醒他們公司對員工行為的期待。大多數這些員工的反應都非常積極，當然，這並不包括那些已經離職的素行惡劣員工。銳玩遊戲人才部門主管莫登豪爾—薩拉札（Jay Moldenhauer-Salazar）表示：「幾乎所有與我們面談的人都對很驚訝自己做出了那種行為。我們其實還收到幾篇文章，他們發誓要改變自己的行為，不只要成為更貼心的玩家，也要成為更好的人。」[11]

　　銳玩遊戲目前計畫在招募員工時，也納入求職者在遊戲中的表現。他們在申請階段會詢問遊戲帳號名稱，並檢視他們的紀錄，看看是否有無禮言行。這些資訊會被輸入求職者追蹤系統，並用類似與紅綠燈的識別方式，分別是紅、黃、綠。如果有人被標記為「紅」（最有害），招聘人員或經理便會收到該求職者的聊天紀錄，藉此了解對方在他未來可能負責的遊戲中的表現。銳玩遊戲透過線上行為資料來尋找禮貌員工、塑造員工的禮儀，無怪乎名列《財星》全球前百大優良職場榜單。[12]

懂尊重，吸引文明人

　　你自己都不禮貌了，當然很難期待他人會對你有禮。伍登就知道這個道理。雖然伍登領導的球隊拿下了許多賽季的勝利，而他因此贏得尊重與掌聲，但讓他成為美國標誌性人物的，卻是他的場外行為與領導哲學，最終他還因此獲頒總統自由勳章與其他許多榮譽。伍登教導他的球員們，除了要有價值信念，更要去**實踐**那些價值，以打造沉著泰然的自信心，最後成就競爭上的偉大。伍登曾說：「能力或許讓你攀上顛峰，但你的去留則取決於性格。」所以說，領導者的以身作則往往很重要。[13]

　　無論求職者應聘哪個職位，也不管他們在你眼中是「優」是「劣」，你都要尊重他們。Google內部的研究顯示，對於求職者來說，與面試官互動的重要性更甚於職缺、公司福利，或是與招聘人員的互動。請確保所有面試官都是有禮貌的。[14]

　　我以前任職的大學曾經想招聘一位明星教授，但最後他選擇了另一所大學的邀請。有次我與他巧遇，我便說起當初面談時我非常欣賞他。而他卻開始說他印象中的可怕經驗——這是我們一名教職員的發言使然。他說，雖然我們給出的條件（包括薪資與研究資源）都比較好，但他擔心這個人表現出的就是我們的文化，而他完全不想參與其中。最令人驚訝的是，冒犯他的那一名初階教職員，既不可能成為他的上司，將來也不會與他密切共事。但在那一瞬間，那一句無禮的發言卻改變了一切。

　　樹立禮儀的標準，並期望所有與你做生意的人，包括外部顧問、合夥人、供應商、客戶都從跟隨效仿。耐吉（Nike）就是這樣做的，想成為他們的供應商就必須簽署一份協議，其中必須無條件實行「尊重」。

　　正如耐吉與伍登教練的認知道，技能與天分都無法彌補惡劣行為對公司的損害。最好在惡劣員工加入團隊前，就找出不良跡象。這有賴於系統化、考量行為層面的面試。做好你該做的好功課、徹底進行背景調查，認真想想你的直覺，把你最好的一面展現出來。如果一開始找不到善良、懂尊重的人也不要放棄，請繼續面試，直到找到對的人。亞馬遜（Amazon）執行長貝佐斯（Jeff Bezos）說：「就算有五十人來面試，我寧願一個都不用也不要用到錯的人。」[15]打造文明職場需要些額外努力，但絕對值得。

本章重點

- 尋找禮貌特質，使用結構式面試法，提出行為相關問題。
- 徹底檢查參考資料，不要僅著眼於求職者提供的，追蹤線索與直覺。
- 明確說出組織的價值觀，鼓勵求職者自己決定這個問題：我是否要在這個每天都奉行這些價值觀的公司工作？

第 11 章 ─────────────────

提供指導，取得共識

> 「領導力就是釋放對方潛力，並使對方進步的能力。」
>
> ──比爾·布拉德利（Bill Bradley），
>
> 前NBA球星、美國政治家

　　像伍登這樣的偉大教練，會幫助人們理解自己該如何表現更好，並將這個能力拆解成易於管理的步驟。他們不允許選手安於現狀、荒廢基本禮儀。在文明程度的領域，公司也應該借鑑這類做法。我們必須提醒基礎法則，幫助員工持續提高表現。設定期望、塑造禮貌的價值觀、建立規範並提供指導──這是公司能正確引導禮貌的方法。讓我們依序深入討論。

使命感不會無中生有

　　你已經在招聘過程中，向求職者明確表達你們的價值觀。現在他們決定跟你同一陣線，這時就將禮貌看作公司的一項使

命並守住它。伍登教練找到符合他行為標準的新球員之後，不
會就此放手。新血進球隊之後，他會用「成功金字塔」這種工
具來提示他的標準。成功金字塔是一份包含二十五種人格特質
的清單，球員必須內化並實踐這些特質，以發揮全部潛能。有
些特質是禮貌言行的基礎，例如「合作」、「友誼」、「自制」、
「團隊精神」與「沉著」。伍登會在每一季開始時，印出這張清
單交給學生運動員，並張貼在辦公室牆上，為的就是讓內容融
入球員的日常生活。[1]

　　大多數公司的企業宗旨都包含「善待顧客」這一條，卻鮮
少有公司提到員工該如何對待彼此。不過，只要簡單的一句話
（如「我們希望公司員工尊重彼此」）就可以奠定文明的基調。

　　一些例子會給你更多啟發。西南航空（Southwest Airlines）
的企業宗旨中有一條是這樣寫的：「最重要的是，我們的員工
在公司內部將得到我們服務每一位乘客的關懷與尊重。這與我
們對員工對外的要求一致。」[2]非營利醫療組織Dignity Health
的價值觀列表包括：尊重每個人、每段合作關係、每一種正義
（如提倡社會變革，或者是培養尊重所有人、同理弱勢者的行
事風格），以及各類管理方式（用心耕耘那些交付給自己的資
源，以促進療癒與完整）的固有價值。[3]

　　星巴克（Starbucks）的企業宗旨是「啟發並滋潤人類精
神──從每個人、每一杯咖啡、每一個社區做起」，[4]這與禮
貌的概念相當一致，星巴克的價值觀明確規範了員工應該如何

對待彼此。星巴克的價值觀還包括「營造一種溫暖且有歸屬感的文化，此處歡迎所有人」，以及「在每個時刻，都以透明、有尊嚴、受尊重的方式相連結」。[5]

除了表明宗旨與願景，企業應該向員工清楚解釋應遵守的基本行為準則。或許可以向另一位成功的體壇教練取經：國家美式足球聯盟（NFL）的卡羅爾（Pete Carroll）。早在卡羅爾還在大學擔任教練時，就已經憑藉積極正面的帶隊風格或得巨大成功——包過多次全國冠軍賽與兩次年度教練獎。卡羅爾去了西雅圖海鷹隊（Seattle Seahawks）當總教練之後，想知道：「進到聯盟之後，真正關心球員與每一個人會帶來什麼改變？」[6] 卡羅爾的領導方式，要求團隊裡的所有人（包括教練、球員、助理、勤雜工）都要為彼此著想、正面待人。於是，總是充斥吼叫、咒罵的球員更衣室與場邊，逐漸被禮貌的言行填滿。海鷹隊的球員與教練在每次媒體採訪結束時，都要向記者致謝。**每一個人**的身體與心理健康都非常重要。[7]

卡羅爾的方法一點都不抽象。他總結出三條規則，對於任何組織都有易於創造互相尊重的氛圍。

一、保護團隊。

二、不發牢騷、不抱怨、不找藉口。

三、提早到。[8]

　　那他的目標呢？這表明他對每個球員的重視程度；尊重其他人、尊重隊伍。

　　你可能會想問，卡羅爾這個明確規範是否讓海鷹隊贏了比賽？這很難說，但有一件事是真的：這沒有害處。而在卡羅爾擔任教練的的四年，海鷹隊贏得了超級盃冠軍。

如何塑造價值觀？

　　盡可能強化文明觀念，讓它成為第二天性，熟稔到不需要經過思考。在員工培訓中不斷重複強調禮貌的重要，像是念咒語般。每一次會議都討論。挑戰員工，看他們能不能做好基本守則。

　　連鎖速食店福來雞（Chick-fil-A）是形塑良好風氣的佼佼者，[9]他們的總裁兼營運總監特索普勒斯（Tim Tassopoulos）在我採訪時表示，在他們每一家各自獨立的餐廳裡，每一位顧客都會「驚嘆於禮貌」，並對於福來雞對此的努力印象深刻。福來雞加盟店的老闆會鼓勵員工（包括許多剛出社會的青少年）多為顧客著想，幫他們拉出椅子、為他們送餐上桌。[10]福來雞加盟店尤其重視強調那些令人愉快的文明用語。員工應該說「很高興為您服務」，問「您的飲料需要續杯嗎？」而不是「我幫你裝飲料」。

　　福來雞也有缺點（要知道，沒有一家公司是完美的），但它是如何讓年紀輕輕的員工彬彬有禮，而且始終如一？根據特索普勒斯所言，該品牌文化奠基於僕人式領導*，以及公司的SERVE模型：**預見**（See）與形塑未來、**參與**（Engage）並協助他人發展、不斷**創新**（Reinvent）、**重視**（Value）結果與人的關係，以及**體現**（Embody）公司價值觀。特索普勒斯認為，福來雞有80％的成功都歸於企業的招聘文化，他們以那些價值來篩選加盟主，並在選擇中進行交流。福來雞選中的獨立營運者，都具備熱愛服務，以及願意打造服務文化這兩項特點。而剩下的20％，則歸於公司用強化措施來形塑文明風氣所做的努力。

　　在每一家分店，福來雞的店主都會在新進員工職訓時養成他們的價值觀，而顧客的回饋，則會直接反映出員工體現價值觀的成效。接著，店主以此評估並引導團隊成員。

　　特索普勒斯說，領導者如果自己也以身作則，那麼形塑文明風氣就會成有成效。福來雞的店主通常會身體力行，而且總公司會在他們實踐時大方表揚。2014年1月，美國南方遭受暴風雪侵襲，導致數千名駕駛受困。阿拉巴馬州伯明罕市一位福來雞店主與他的團隊決定送餐，許多提前回家避難的員工也回來幫忙。那位店主開放店家給需要的人使用。一名員工解釋：

---

*　　servant leadership，一種多聽少說、說「我們」多過於說「我」、彈性調整自身的領導風格。

「這家公司的企業優先宗旨是關愛他人，其次才是利潤……我們只是遵循我們長期奉行與熱愛的價值觀模式而已。我們能做的，也只有盡力幫助他人罷了。」[11]

2015 年 1 月，這一位老闆又登上媒體版面，因為有人拍到他免費供餐給想用勞力換取食物的窮人，不僅如此，他還把自己的手套送給對方。店裡有個帶著兒子的婦女見狀，紅著眼眶告訴老闆自己深受感動，並向他道謝，因為老闆的行為給她的兒子上了寶貴的一課。沒多久，她將影片上傳到網路，這件事迅速散播開來。[12]

再一個富有教育意義的案例。2015 年 12 月，德州羅克沃爾市的一家福來雞在星期天營業，而這違反了公司政策。原來前一天，當地遭龍捲風襲擊，該店為了提供食物給救難人員與流離失所的民眾而營業。[13]這一次，所有分店老闆與全體員工都意識到自己的同事們為了社區所付出的努力——這對企業來說是建立風氣的好機會。即便餐廳沒有營業，也無法阻止他們在社區有難時伸出援手。

福來雞自成立以來，年銷售額都以近 10％的速度增長，這在一定程度上要歸功於強化文明觀念的不不懈努力。2015 年，福來雞在《今日美國》（USA Today）顧客服務名人堂企業中排名第二（僅次於亞馬遜），並打入品牌策略供應商鉑慧（Prophet）2016 年的品牌熱門指數榜上，成為餐廳類冠軍、總榜第六。此外，金融媒體《華爾街 24／7》（24/7 Wall St.）則將福來雞評為「最適合工作的公司」的前十名。[14]

強化文明風氣時可以多發揮一些創意。美國國家安全局（National Security Agency）曾舉辦為期一年的文明辦公室活動。領導者會與員工對話，深度探討禮貌的重要性、邀請講師、用禮貌「名人牆」來表揚員工、在官方網站上請員工寫專欄，用文字表達禮貌對自己的意義，以及在辦公室內到處放「挑戰卡」——這最後一項特別成功，員工們收到名片大小的禮貌戰帖，且必須完成卡上的禮儀挑戰。所有卡片的開頭都是「禮貌，從你／妳做起……」，挑戰則很基本，像是「一週內至少幫五個人擋門」，或是「接下來一週，要忍住不挑人毛病」等。這些挑戰讓員工養成禮貌，使他們意識到並專注在具體行為上。大家都喜歡這些挑戰，也玩得不亦樂乎。辦公室也變得更文明。

訂定可依循的簡單規則

別只是隨便定幾個政策。要鼓勵員工參與持續的對話，精準定義禮貌／文明職場的意涵。透過「讓員工參與」這個過程，你會得到更多的支持，也鼓勵員工認為自己要為同事的素行負責。

沙舍夫斯基（Mike Krzyzewski）外號 K 教練，是杜克大學籃球隊總教練，他首次與 2008 年奧運男籃球隊見面時，就給球隊定下兩條明確的標準：一、直視他人的眼睛；二、只說實話。
此外，他還要求每個團隊成員都貢獻一些想法，並承諾如果所
有人都同意某些意見，他就會列入行為標準。然後，團隊制定
出十五條所有人都同意的行為規範，包括球星傑森‧基德（Jason
Kidd）的建議：「不該遲到，尊重對方。」球隊順利摘金後，K
教練解釋道：「我們從來沒有球員遲到，訓練效果總是很好也
從來沒有每次練習都沒有人遲到，效果也很好……『你們的信
念是什麼？』我只是問他們這個問題。」[15]

　　與員工交流禮貌的觀念，可以讓各種類型的組織受益。在
加州爾灣市的布萊恩‧卡夫律師事務所（Bryan Cave）的辦公室，
我和管理合夥人普萊斯（Stuart Price）帶著員工做了一項練習，
讓他們自己定義集體規範。我們問了員工我在本書開頭提到的
關鍵問題：「你想成為怎樣的人？」接著我們請員工提出願意
替彼此負責的規則，即對組織來說是正確的事。員工們用了一
個多小時制定出十項規範，而公司接受這些規範，將編為「禮
儀規範」公開展示在事務所大廳的顯眼處。正如普萊斯親口說
的，這家公司在橘郡最佳職場排名第一，就是表 7 這部禮儀規
範的直接影響。[16]

表7：由員工與管理者共同定義的公約

布萊恩・卡夫律師事務所的禮儀規範

1. 我們會互相打招呼或道謝。

2. 我們會說「請」跟「謝謝」。

3. 我們不管在什麼情況下，都會平等相待、相互尊重。

4. 我們知道自己的行為會影響到他人。

5. 我們歡迎他人給自己的回饋。

6. 我們不擺架子。

7. 我們有話直說、善解人意且誠懇。

8. 我們感謝他人的貢獻。

9. 我們會尊重彼此的時間承諾。

10. 我們會設法解決非禮儀行為。

　　只有建立規範是不夠的，你還要訓練員工，讓他們能真正了解、尊重這些規範。在一項調查中，當人們被問到「你為什麼不禮貌」時，有超過25％人認為是企業沒有提供那些必要的基本禮儀培訓，如聆聽與回饋技巧。[17]如果你已經費盡心思向員工灌輸了公司的禮貌觀念，而他們仍舊表現不佳，這時不妨問問自己：「我也為他們的成功做好準備了嗎？」不要以為每個人都天生知道該如何禮貌，很多人從沒學習過這方面的基本技能。

為了教育員工這些技能，你可以創造一個關於職場禮儀研討會的模組，包括理解文明的價值觀、描述非文明人的言行、提供遇事處變不驚的提示，也可以設計一些情境，讓員工有機會在情緒高漲時練習禮儀。有許多領先的公司都開始提供正式的禮儀培訓。微軟頗受歡迎的「精確提問課程」(Precision Questioning)教導參與者如何質疑自己的想法、如何開發健康且有建設性的評論方法，以及如何在緊繃狀態下依然保持情緒靈活。在洛杉磯一間醫院中，情緒不穩定的醫師會受邀參加「魅力學院」，以減少他們的魯莽與降低醫院的訴訟費用。「魅力學院」會教導學員，他們必須為層級較低的住院醫師定下基調。

這間醫院也培訓員工注意未上報的無禮行為，例如某人拒絕跟特定醫生共事、有些關於護理師的流言蜚語，或者住院醫生因為某些原因而避開麻煩上司的。這間醫院先前就發現，護理師、行政人員、住院醫師通常不會上報不良行為，他們埋怨在內心，直到被逼得走投無路才提起訴訟。醫師每天都要和這些人打交道（相較之下，人資部門反而有點狀況外），所以他們必須對這些警訊加倍敏感。在這間醫院，醫師有權利也**有義務**回報所有類似事件，若他們忽略自己的責任，院方便會究責。這間醫院建立了規範並落實在組織文化，表現相當亮眼。

指導與提供建議的方法

除了正式培訓，也要指導員工具體的基本禮儀，讓他們處於最佳狀態。幫助他們做好傾聽、給予與接受回饋（正面回饋與矯正性回饋）、跨越人際差異，以及和難相處的人打交道。你也可以在談判、壓力管理、關鍵對話**，以及正念方面給他們指引。接下來，我會提供教練過程的一些建議。

你要做的，不只是傳達資訊。身為教練，你除了要回顧基本概念與預期標準，也要讓員工對自己的言行負責，指出他們初犯的不良行為。有些福來雞分店老闆每週都會用紅、黃、綠燈來評估團隊成員。[18] 這是為了快速糾舉並改正不良言行。而辛格曼公司會有小組會議，讓團隊回顧目前做法並適度調整，例如，他們會計算顧客到店後被適當接待所花的時間。[19]

對員工進行個別指導時，請使用向上評估***或360度回饋（回饋是匿名且經統整的）。也可以採用同儕親身指導法，若選用此法，你必須把重點放在基本面，讓同儕互相提問：「你喜

** crucial conversation，由派特森（Kerry Patterson）等多位管理專家與顧問所提出，描述在「超過兩人、高風險、意見相左、情緒強烈」狀態下的溝通技巧。

*** upward evaluation，即員工評估上司。

歡我的哪些行為？你**不喜歡**我的哪些行為？」

　　有一家組織發現，為了避免問題雪上加霜，員工不一定總是會按正式程序上報，在某些案例中，員工甚至不太願意讓主管或人資部門知道。有鑑於此，該組織建立了一個同儕顧問網路，讓員工有機會在最保密的環境下，討論自己處境與擔憂。這些顧問都是了解在地文化、環境與法律的當地同儕。他們接受過訓練，可以幫助員工們找到解決問題的方法。他們不是案件管理者，也不想代表員工把事件升級，他們是具有同理心的傾聽者，想幫助員工自己做出更好的選擇。

　　我在第5章提過，我在帶領MBA的學生與公司高管時，會讓他們使用「誰是團隊文明人」練習，在此練習中，他們會指出團體中表現最積極與消極的人（詳見「團隊與組織的行為和影響」第5章策略一的圖表）。我還請他們準備一張索引卡給其他所有團隊成員填寫。每個人都要提供具體建議來幫助對方提升影響力。卡片的一面會寫上對方的優勢，另一面則要列出對方要提高影響力應該做的三件事。我告訴這些MBA的學生與公司高管，要特別聚焦在可能限制對方潛力的非語言行為、表情與習慣。

　　要成為一個更文明的團隊或組織，你必須設定明確的期望，並透過重複練習來強化。但別止步於此。明確指出你的組織所追求的行為有哪些，並讓你的團隊參與討論，看看他們想成為怎樣的人，又願意遵循怎樣的規則。團隊成員能夠在很大程度上幫助彼此達到組織標準，也可以在有人偏離規範時，禮貌地提醒對方。最重要的事，組織還可以提供各式各樣的指導，協助那些練不好基本禮儀的人，以及難以遵守規範的人。

本章重點

- 將禮貌納入企業宗旨，張貼在顯眼處，讓所有人每天都注意到組織的標準。
- 在該遵守的規範上，讓你的團隊展開對話，並要求成員替彼此負責。
- 訓練或指導員工，注意自己給予回饋的方式。
- 聘請教練來指導無法達到標準的人。

第 12 章
定期評量，找出痛點

「想衡量一個人是否成功，只要看他平日如何待人。」

—— 傅尼（P. M. Forni），禮儀領域學者

　　如果有一種方法，可以讓你可以以內容是否尊重讀者為標準，為同事寄來的電子郵件，或是朋友在社群媒體分享的貼文評分—— 想必相當創新，對吧？概念其實很簡單：使用一種可以即時回饋的線上工具，評價對象是一個人的禮貌程度。這類似臉書的點讚（或表情符號）功能。使用者會知道別人對自己的看法，並相應地調整自身行為。雖然現在有許多組織都將禮儀設為招聘標準，也在企業宗旨中強調禮儀、尊重、包容等元素，但幾乎都沒有測量機制。有少數公司推出「人際技能」、「情緒能力」或「團隊精神」等評量指標。[1]微軟在好幾年前，就將「情緒能力」納入員工績效考核。Google針對管理者的「氧氣計畫」（Project Oxygen）提出了八項特質，其中多項都關乎禮貌舉止，如「對團隊成員的成功與個人幸福表達興趣／關心」、

「當著優秀的溝通者——懂得傾聽與分享資訊」，以及「當一位好教練」[2]但在大多數組織中，傳統的指標與專注力是比較重要的。

如果你重視禮儀（我希望你讀到現在已經開始重視！），那就應該展現出禮儀對你與你的組織有多重要。傳達這件事最有效的方法，就是認同並獎勵。伍登教練有一套嚴謹的標準，用來衡量與獎勵他所提倡的價值觀（包括友善與尊重他人）。在籃球場上，大家最重視的指標往往是「得分」，但在伍登眼中，球隊整體才是最重要的，而不是明星球員。所以他創造了一個系統，側重個人對團隊的貢獻。

伍登堅持，季後獎勵不僅要頒給得分最高的球員，也要頒給符合他「成功金字塔」特質的球員，這些特質包括進步、態度、團隊貢獻，以及所有能強化球隊整體的行為。除了正式表揚，他還會不定時鼓勵那些比較少獲得媒體關注的球員——那些在關鍵時刻助攻、防守，或罰球成功的人。伍登也會觀察並認可那些努力精進球技、幫助隊友進步，卻常坐板凳的球員。[3]

你目前的績效評量系統是哪種？它是否有助於養成你所提倡的禮貌行為？你是否鼓勵給予或合作這類行為？如果答案是否定的，那麼你可以從本章提出的建議著手。

眼界要超越結果

首先，在考核績效時要更側重於工作**方式**，而不僅僅參考實際結果。戈爾（Bill Gore）創立戈爾有限公司這家高科技布料製造商的當年，是希望創立一間沒有傳統階級制度與頭銜的公司。在這間公司裡，所有人可以自由交流，所有人都可以參與設計創新的產品。[4]戈爾希望公司在成長的同時也保有家庭、學院的氛圍。他成功實現這些目標，也取得了漂亮的商業成果。戈爾有一部份的成功必須歸於公司的績效管理系統，他採用的系統不僅關注員工的貢獻，也關注它們實踐公司價值觀的**方式**。[5]

戈爾有限公司的價值觀相當明確，期望旗下的員工們每天「言行一致」。我們大致看一下該公司的領導效能調查，就會發現他們考核主管的標準有許多關乎禮儀，像是：

- 鼓勵企業內的合作關係與人際網路。
- 與同儕們共創充滿信任感的環境。
- 決策過程中，鼓勵多元的思考與觀點。
- 信任並授權團隊或個人做出適當決策。
- 願意投入時間，讓企業文化能有效運作。[6]

戈爾公司的每為主管與工作夥伴，通常會由二十至三十位

同儕考核，而各人也須考核二十至三十位同儕。接著主管組成
跨職能委員會並討論考核結果，最後列出一張總體排名。[7]戈
爾執行長凱莉說明：「所有系統都有缺點，但我們的系統創造
了一個公平競爭的環境，讓真正有才能的人能嶄露頭角，並得
到相應的報酬……如果你專注在企業價值與基本面，那你就能
以此推動公司價值觀。」[8]

重點在於，同儕考核關注結果與工作方式。你的公司如何
衡量一個人工作的**方式**？先思考工作的類型，想想善良與尊重
能夠在此發揮的作用。將你的結果作為基礎，設計一套評量指
標的公式，並與傳統績效評量指標結合。

先尊重每一個人的付出

我們已經知道，表達感激是禮貌的重要面向，但我們總是
無法注意到其他人的全部貢獻，因此沒有表達應有的謝意。所
以我們必須調整績效指標，這樣才不會忽略成員為組織發展所
做的貢獻。

舉例來說，員工現在參與「協作式」工作（開會、打電話、
回覆電子郵件）所花的時間，占了總工作時間的至少80％，相
較於數十年前增長了50％。[9]不過大多數績效管理系統並沒
有注意員工間的互動——這卻是高效合作的基礎。正如先前提
過的，大多數增值貢獻都來自3％至5％的員工。[10]愛荷華大

學的李寧（Ning Li，音譯）教授的一項研究發現，只要有一個願意在職責外幫助同事的人，最終能產出的績效便會大於其他所有成員。[11]

　　絕大多數組織都不會認同這種合作型明星員工的貢獻。研究指出，只有50％的頂尖合作型員工會被公司當成「績優員工」，而最受公司歡迎的明星員工有20％不太幫助他人。[12]他們或許都達標、拿下最多分紅，卻無法幫助或放大同事的成功。

　　真正的績優員工常常會因為繁重的業務而過勞。[13]研究人員蒐集了近二十個組織的業務單位主管資料，發現合作能力最優秀的人，給出的參與度與工作滿意度卻是最低的。最後，這些有價值的合作者會離開公司，把知識與人脈資源帶走。他們或許也會留下，把他們日積月累的冷漠與灰心傳播給其他同事。[14]

　　只要一句簡單的謝謝，就可以提升合作型明星員工的參與度。忽略團隊最熱心助人的人是非常不文明的，他們該被感謝，也該被視為是組織中表現最好的人。不妨問問自己：「我用了哪些方法來評估合作狀況、找出最優秀的員工，最後感謝他們的付出？」

動員社交網路追蹤禮儀

　　社交網路分析（social network analysis）是一項實用的工具，

可以幫助我們看見每段人際關係的細微差別：某人的評價如何？有多少價值？文明程度又如何？[15]這種分析還能讓我們理解更大的圖像：一個團隊是如何比賽的？是否有成員能夠發揮合作力，幫助團隊取得成功？誰會將各部門凝聚，誰又將各部門分化？誰在激勵或打擊他人？這些關係如何影響團隊、社交網路與組織？

我與同事曾研究過「負能量關係」（de-energizing relationship）對某工程公司造成的影響，在負能量關係中，其中一方長久以來都對另一方有一套反覆出現的消極評判標準、感覺與行為意圖。我們發現，接受到越多負能量關係的員工，主動離開公司的機率是其他人的 2 倍。我們也看見壞消息，這家公司的績優員工如果負能量關係超過平均值，離職的可能性是其他人（同等負能量關係的普通與低績效員工）的 13 倍。[16]

想防範人才損失與其他損失，就要識別無禮行為與負能量連結。公司主管可能會察覺到兩名員工處得不好，卻很難發現更大的問題（如不文明病毒＊），而組織或社交網路分析可以讓這些潛在問題浮出水面。我們的做法是花十分鐘做簡短調查，來確定員工群體各自的正面與負面狀況。我們要求員工評估自己與他人的正面與負面關係，以及對其他員工的文明程度評

＊　incivility bug，多項研究發現無禮行為會影響視聽者腦部，導致最後像是病毒般在組織中傳播。

價。接著，我們將資料整合，用於創造社交網路地圖與評量指標。這些數據能讓我們評估個人關係，以及有禮與無禮對於整體社交網路的影響。[17]

社交網路分析有有助於知道一個人在有禮、無禮與負能量關係中，是主動方還是被動方。我們發現，負能量行為通常是壓力引起，而非人的性格使然。[18]這項發現促使許多管理者作出調整（如調整工作量），並提供有用的資源與援助。

有時候，社交網路分析會揭露組織內部的重大隱憂。非正式組織網路（公司內的人際網路）中的樞紐往往是一群連結度極高的人，而這些樞紐的人際連結數量並不多。如果不同網路樞紐的連結中存在負能量人物（如一名無禮同事），那麼團體間的互動就會減少。我們在一個案例中，發現某石油與天然氣公司的非洲分公司與歐洲分公司，兩方的唯一連結就是負能量關係。由於連結兩個團體的關係是負面的，雙方幾乎沒有進行溝通或交流。社交網路分析為管理者指明了問題，他們於是促使兩個部門的其他人互動。問題就此解決。[19]

社交網路分析還能讓你找出公司裡最禮貌、最有價值的員工。你可能會發現能夠連結公司各部門、增強合作與訊息交流的滄海遺珠。如果你一直忽視這些人，他們將不會得到賞識與回報。不妨感謝他們讓你的組織更加文明。

不只向上評估，也要向下與橫向

想準確評估文明程度，可以借鑑戈爾有限公司的做法，從組織所有層級收集計分資訊。談到無禮行為，一般人會有見高捧、遇低踩的傾向。所以要衡量某個員工，你需要知道其**下屬、同事與上司**對他的看法。目前許多組織使用360度回饋的效果都很好，但前提是員工要有足夠的安全感，否則他們無法知道自己提供的資訊與其用途會不會曝光，他們的360度回饋反而會誤導你。

Google的管理者回饋調查（MFS）讓團隊得以提供安全性，讓員工作出保密的回饋，包括主管對員工的體貼程度。[20]公司會激勵個別項目得分較低的管理者，請他們尋求特定領域的幫助與指導。Google還會鼓勵管理者與員工分享自己的改造成果、交流提高績效的方法，並從員工的具體建議與訓練中進步。

許多組織在鑑別禮貌行為時，都沒有充分利用同儕評量，我覺得相當可惜，因為同儕是最有可能發現正面行為的人。懂得這個道理的公司甚至會動員同事來獎勵某員工的善意與尊重。Google內部使用的gThanks工具讓發感謝函便得很簡單，員工只需要輸入一個同事的名字，按下「給讚」（kudos），再輸入想說的話即可。[21]系統會公開發布給讚資訊，大家也可以轉發內容。Google推出gThanks之後，給讚網站的使用量比先前的版本增加了460%。[22]

鞋衣零售商薩波斯的員工若發現同事做了某些好事，都可以用「哇」（Wow）給予獎勵，這個獎勵可以附帶最高50美元的獎金。所有收到「哇」的人，都有資格參加薩波斯內部令人垂涎的「英雄獎」，並由高階主管選出得獎人。得獎人可以獲得遮陽英雄停車位一個月、150美元薩波斯禮券一張，還有一件英雄斗篷！

萬里富也實施了一項同儕員工表揚計畫，叫做YouEarnedIt。[23]萬里人可以在系統上用「黃金」獎勵同事，只要覺得值得獎勵就行，像是協助完成專案、準時完成重要任務，或是指導其他員工。他們可以用黃金來兌換禮券與商品。此外，YouEarnedIt的即時消息能讓員工看到所有感謝文，這種分享資訊與慶功的方式，考量到結果與工作**方式**兩者。每個月，公司都會選出一小群受到同事認可的萬里人參加一場特殊活動，像是足球比賽或音樂會。這會讓不同部門的萬里人有機會認識彼此，建立友誼與團隊精神。

你如果想建構一個文明組織，就一定要有評估方法。如果只是強調禮貌的重要性，卻沒有一套記錄的方式，眾人很快就會變得冷漠又自私。為禮儀評分可以表現出你對此的重視；讓自己習慣去衡量工作**方式**；感謝公司裡那些幕後英雄；使用社交網路分析尋找禮貌與粗俗的線索；邀請同儕與下屬來向上監督、獎勵與感謝表現良好的人；這種評量並不是常態，但正如我們所見，禮儀文化也不是大家都接受的常態（令人遺憾）。不妨將你的評量標準提升到一另個層次，並用它們來發現職場上的尊重與善意。

本章重點

■ 讓你的評估系統符合你的組織價值觀；確保你正在激勵、強化能幫你達成組織目標的那些行為。

■ 要認可、強化能為組織帶來成果的任何行動。你覺得誰可以幫助你的團隊達成目標？找出願意付出的人。

■ 打造一種重視「做事方式」的文化；鼓勵大家感謝替自己的成功鋪路的其他人。

第 13 章

充分實踐你的文明觀念

「付諸行動，成效方現。」

—— 約翰・伍登，NBA 傳奇教練

　　你的評估或計分系統如果發現了無禮的員工，那你該怎麼做？你有兩個選擇：一是陪他們改變，二是請他們離開。向我諮詢過的公司，大部分都傾向於花一些精神來處理。這是合理的做法，據我的調查結果，因為好玩、不會受罰而做出無禮行為的人僅有 4％。也就是說，絕大多數行為無禮的員工是可以改善的。正如某位執行長所說，這些人可以「回收再利用」，當然有些員工比較好「回收」。一位任職於《財星》五百大的高科技業高管告訴我，員工「得先願意（對回饋）睜開眼睛、打開耳朵」。他們必須願意為之努力，而不是置之不理。

　　先讓我們假設「回收」那些散播不文明病毒的員工，讓他們回爐重造是值得的，最後可以成為高效的貢獻者。再讓我們假設大多數員工都願意接受反饋，並做一些調整。在這樣的前提下，你的組織應該提供有幫助的矯正性回饋，讓員工有機會練習新的行為模式。正如伍登教練所強調：「細節是關鍵。小事成就大事。」[1]要把細節搞對，你必須展現出領導者的魄力，快速而堅定地糾正惡劣行為，同時教育員工改變的方法。接下來讓我們花幾分鐘，看看幫助無禮員工改變的最佳做法。如果改變沒有成效，我們也會看看如何處理員工離職。

不追蹤，你就無法進步

想改變一個人的行為，我推薦遵循葛史密斯這位教練大師的「回饋迴路」（feedback loop）概念。這個迴路有四個步驟：證據（evidence）、關聯性（relevance）、後果（consequence）與行動（action）。[2]**證據**應該在評量階段就會產生。例如，某個主管收到的回饋是他「忽視員工意見」，或者他「喜歡當眾貶低員工」。

為了建立這個回饋的**關聯性**，你可以問自己，這位主管跟其他主管相比如何。他低於平均的、無禮的行為是否影響到他的績效表現？如果答案是肯定的，那麼回饋就變得有關聯性。

為了促使改變，你應該將無禮行為與**後果**連結在一起。正如葛史密斯所言：「一個人只有在知道做某件事（包括改變行為）確實能符合自身價值觀的最佳利益時，才會開始行動。」[3]由於我們傾向看重潛在損失大於潛在利益，[4]所以很重要的是，讓違規者知道自己不改變會失去什麼。對大多數人來說，可能失去勢在必得的升遷機會是表現禮貌的強烈動機。

　　如果員工想要改進的意願讓你滿意，那就是時後進入**行動**階段。首先，跟那名員工一起制定計畫。你想讓他達成什麼目標？什麼會讓他更有效率？你希望他改變什麼？他將如何實現計畫？要為了明確、實際、可檢視的計畫付出努力，由此開始辛苦的練習之路。他應該要找出自己不良行為的觸發點，獨自或由教練、導師協助都可以。哪些情況、哪些人會刺激到他？既然禮儀的關鍵在於自覺，所以最好是他自己可以回答這些問題，理解那些行為並與潛在原因連結，例如壓力或不安。

　　在員工找出觸發點並了解後果之後，葛史密斯會要求他們向無禮行為的受害者道歉──最好是當面，而且要邀請對方協助自己改善行為。道歉的員工不該解釋、複雜化，或是美化自己的行為，因為這樣只會讓本意失焦。[5] 此外，葛史密斯還建議，要幫助員工表現他們的努力，讓旁人都知道他正在努力改變。回想一下我在第 5 章提到的一位主管（策略 4），她集合自己的團隊來幫助她改變，包括打斷別人說話、搶走旁人點子的壞習慣。她讓團隊知道這件事情，並隨時追蹤他們的意見，衡量自己的進展。

　　追蹤旁人的意見相當重要。葛史密斯的研究表明，不追蹤旁人意見的人就無法進步。[7] 一個人如果連續一年到一年半，每個月都向其他同事追蹤意見，這也是在提醒大家他努力與重視他人的態度。這會使同事們不再懷疑他的改變能力，也公開地象徵這種改變是持續的過程。[8]就改變者而言，追蹤旁人意見會讓他們感覺自己有在進步，進而提升參與感和動機。[9]

　　請其他人來協助違規者磨練技能——這是大多數能夠「回收」無禮員工的公司所採用的方法。公司通常會鼓勵無禮員工與主要利益相關者（包括主管、同組的同事、直屬部屬）分享自己的發展目標。利益相關者會透過理解無禮員工的目標、並建議未來目標來參與其成長。在《財星》前百大企業中，許多公司都強烈鼓勵無禮的主管與員工與團隊分享自己的所有評量結果，讓團隊成員提供具體改善的建議；這些公司也會鼓勵主管參與「前饋」，藉此引出能改善未來行為的有用想法。

無禮可以修正，也可能是絕症

　　你可能想知道，葛史密斯的回饋迴路系統是否真的有用。他的數據（有八萬六千名參與者）顯示，這個方法的成功機率頗高。[10]確實，不是所有人都會對回饋迴路做出反應，或做出符合該公司期待的反應。葛史密斯發現，雖然幾乎100％的參與者都說自己會根據這些回饋來行動，但只有70％真正行動，另外30％毫無作為。他研究的八間組織都出現了這種七比三的現象。而當他觀察那70％的行動者時，又發現真正進步的人都追蹤了旁人的意見。這些人都認為改進是一個隨著時間與練習而展開的過程。

從我與各公司的合作經驗來看，葛史密斯風格的回饋迴路確實相當有效。某顧問公司的一位合夥人奉行完美主義，而且養成了壞習慣，只要自己認為有人在工作上犯錯就會破口大罵。他與教練一起找出自己的觸發點，結果發現是不安全感與厭惡脆弱的心態。教練幫助他理解自己持續無禮行為的原因，以及這可能導致的後過，例如：大家已經有點怕他了；沒人願意暢所欲言或分享想法，因為害怕被責罵；有很多人都怕跟他共事，有些人甚至早已離開。而如果這位合夥人沒有改善，他負責的業績將會下降，很快他就會被其他合夥人趕出公司。

這位合夥人意識到自己的損害，於是向員工道歉。他讓大家知道，自己正在用完美主義性格來完成善待員工的決心。短短幾個月之後，他已經更加注意自己的壞習慣，每當他想罵人或發飆時都會克制住，提醒自己後果。他也強調自己要讓員工知道，他很看重每個人的付出。他有時還是會失控，用不好的態度對待員工，但他事後會回去道歉。他每個月都會詢問員工，看看大家對他的改變有何看法。他每一次聽到「重視員工」對那些員工的意義，就是在強化他的努力與改善的決心。

因果關係要清楚且有意義。某法律事務所的幾位合夥人，在感覺自己即將失去股權時才決定改變。只要組織把無禮行為跟他們的荷包連結在一起，他們終究會提高自己的禮貌程度。所以，假如你是教練或管理者，你想要帶來行為上的真實改變，就必須找到這個開關——什麼東西才會觸動開關，讓人想要更有禮貌？是金錢嗎？是地位或權力上的損失嗎？還是不改善無禮行為會讓他們不受同儕歡迎？無論那個按鈕是什麼，都請以禮貌之名，找出來、按下去。

清楚劃出你的界線

　　有些員工是你無論花多少心力都無法說服的，碰上這類人，即便你有可能失去一名績優、看似有能力的員工，也要抱持堅定、不妥協的態度。有一名在《財星》五百大企業工作的工程師，雖然能力優秀，卻在逐步升遷的過程碰上與人合作的問題。他的主管嘗試用隔離策略，將他孤立，不讓他與人接觸。但因為他的工作上必須合作，所以這種方法沒有用。該公司於是找了一位教練幫助他，但他似乎不以為然。有個員工甚至跟我說「沒想到有人可以這麼無所謂又無感」。這名工程師去拉丁美洲出差時，還一度拿客戶的口音開玩笑──這件事成為最後一根稻草，直接讓他被公司開除。

　　邁耶（Danny Meyer）在紐約擁有二十七間餐廳，他是禮儀的擁護者，而且絕不寬容粗俗行為。[11]公司任何職位的員工只要有不良行為，若不馬上修正就會被魷魚。邁耶相信顧客也嚐得到禮貌的滋味。所以就算是優秀的廚師，如果不懂得尊重其他同事，在邁耶的餐廳裡也待不久。

　　立下強硬的界線是明智的，因為如果對無禮言行置之不理，你將承受所有不良的後果。一般來說，80％的員工被同事欺負時會找公司內外的人訴苦；大約有四分之一的人，會將不愉快的情緒轉移到客戶身上，並降低幫助同事的頻率。與此同時，長期無禮的那名慣犯也會繼續惡劣行為，因為他相信自己「不會出事」。這種行為會蔓延開來，而受害者的同事與部屬會認為（a）你可以接受惡劣行為、（b）冒犯者的權力比你大，或是（c）兩者皆是。

有位娛樂公司的前高級幹部，我在此稱他為札格。他曾在一部大片的製作期間，與某位知名導演兼製作人有過一面之緣。那位導演當時「在滿是臨時演員的倉庫橫行霸道，公開大罵工作人員」。札格補充說：「在這些謾罵中，第三助理導演很快就有樣學樣，開始以同樣作風對待位階較低的人。」很快地，連低階工作人員也開始公開揶揄臨時演員是「會吃飯的道具」。

你可能會覺得，把無禮慣犯調到其他部門就可以幾決問題。別再自欺欺人了，這些人轉調會依然故我，並影響到組織的其他部份。如今，越來越多管理者與主管會謹慎處理這種人事調動，有部分人甚至告訴我以後絕對不再內部招聘，因為這些事要把他們搞瘋了。

你的強硬態度，不要只針對非文明人，而是要用同樣嚴格的標準對待客戶、供應商與其他關係人。還記得西南航空的宗旨嗎？員工必須用對待乘客的「關懷與尊重」來對待自己的同事。但如果是乘客的言行無禮呢？西南航空也認真以對。我最喜歡這個例子：有位西南航空的經理把愛鬧事的乘客帶往其他競爭對手的櫃台，親自買了一張機票！[12]

　　領導者與管理者都喜歡找藉口，來回答「為什麼不嚴格對待非文明人物？」這個問題。他們會說「他其實沒那個意思」或「找個人代替他更麻煩」，也可能會說「公司不能沒有她」、「他就是這種人」或「其實她人不壞」。請為自己跟組織著想，把這些藉口全丟了。正視無禮的行為，保持態度堅決。

　　數十年前，聖母大學（University of Notre Dame）有一名猶太裔學生因不堪室友長期欺負而休學。校長找來欺負人的室友，並告訴他「把行李收拾一下，去找你室友，要嘛你去把他找回來，要嘛你不用回來了」。[13] 看吧，這就是堅定。這也同樣適用於職場上的無禮言行。

為什麼你該「好好」開除無禮員工？

　　當你決定開除無禮的員工，一定要在他們離開時好好對待他們，並用禮貌概念來重新審視你的解僱程序。不管是什麼原因讓員工離開，你都予以尊重嗎？還在你公司的員工、甚至是樂見某人被炒魷魚的員工，全都在觀察你的態度。他們此時心裡想的，是自己將來也可能會受到同樣的待遇。

　　你對待他人的方式（尤其是在棘手問題上），會讓你建立或破壞人際關係與網路，其中有些會左右你的未來。這個世界的人際關係越來越緊密，社群媒體可以造成很多傷害。要時常想想「**我想成為怎樣的人**」，要循正道，盡量好聚好散。

我有個高管朋友主持過一次慈善活動，他當時將消息發布在領英（LinkedIn）這個職業社交平台上。後來，他得知有一名前員工看見他的貼文，捐了一大筆錢。那名員工是被解僱的——禮貌地解僱。你可能會懷疑其中差別，那麼你可以回顧第一章那位腳放在桌上的總經理，應該就會知道答案了。

公司要在員工離職之後追蹤狀況。在離職面談中，要問問對方覺得自己受到怎樣的對待。仔細聽，因為大多數員工都不願把話說死，但如果他們覺得你真的關心，便會告訴你真相。在員工離職後約六個月進行離職面談，此時他們應該已經在新公司立足，說不定會願意分享更多想法。

假如你的產業圈子很小，或是無禮員工的勢力太大，受害者可能會害怕說出真相等於自毀前程。但我還是認為，離職後的面談會讓你打聽到一些消息。這個活動成本不高，而且確實能帶來益處。有時候，新環境可能會讓他們更能看清先前的無禮經歷，他們於是願意分享在外的見識。值得一試。

我已經列出了一個全面的四步驟方法，來幫助你在組織中建立更文明的文化。正如你所看到的，只要把招聘、指導、評分與練習做好，你就會成功。良好的招聘可以讓你與你的公司省下時間與金錢，並避免不文明病毒感染你的組織；良好的指導，讓你設定好期許、形塑禮儀，創造出眾人互相負責的規範；評量文明程度，可以表現出你對此的重視，大家會知道自己的行為可能會有嚴重後果；當員工需要改善時，要鼓勵並幫助他們做好練習。透過上述四個步驟的努力，你的組織除了可以擺脫無禮言行的荼毒，更能從這種普遍存在的友善與尊重的禮貌文化中，收穫甚豐。當然，如果碰上不可「回收」的員工也要強硬以對。讓他們窩藏在你的公司絕對不值得。

本章重點

- 提供矯正性回饋來磨練員工的禮貌技巧。你必須迅速而堅決地糾正不良行為。
- 不管你的員工多有能力，都要勇表明你的立場。不要讓顧客、客戶或供應商欺負你的員工。
- 員工離職時要善待他們。
- 員工離職之後要繼續追蹤。離職面談的最佳時機是離職後六個月。

第四部

面對「有毒人物」
的自救指南

◆

如果今天受害者是你，你會如何處理？本書的最後一個部分將
提供解決之道。

第 14 章 ————————————

不文明毒害的解方

「沒有摧毀我的，只會讓我更強大。」

——尼采

　　在本書開頭，我提到我在電梯裡遇到了一名女子，她在職場上遭遇無禮的行為，迫切需要我的建議。我當時無法給她太多幫助。我常常回想這件事情——如果我有機會重新思考，那我會給她什麼答案？本章就是我給所有人的建議，即這一條核心訊息：**聚焦在你自己，以及你的未來。**當你在職場上遭到無禮的對待，就必須設法搶回主導權。我的意思是要把賭注押在自己身上，而不是去賭你是否有能力改變非文明人或是整個公司。

　　有太多人都陷入困惑的僵局，不知道該不該處理冒犯事件，又或者如何處理。我會提供一些簡單的指導方針，能讓你決展開對話、準備談話內容。但在深入討論之前，我們先來了解一些基本知識，讓你在被針對的狀況下振作起來，並且感覺好一些。

放大無助感的兩種情況

你跟別人說自己的無禮經歷時，你可能會聽到他們說：「忍一忍就好了」、「臉皮不要太薄」、「別想太多」或「眼光要放遠一點」。如果有任何一條能幫助你繼續前進，那可別放過。但這些建議通常切不到要害，因為他們忽略了每個人生來都不同。禮貌的判斷在於接受方。

每個人的大腦對腎上腺素、血清素，以及其他壓力調節物質、神經傳導物質的敏感度都不一樣。例如，《科學》（Science）期刊上的一項研究顯示，我們是否會因為生活中的壓力而導致憂鬱，很大程度上是基因決定的。[1]血清素轉運基因5-HTT（作用包含調節喚醒反應、情緒、睡眠與認知）可以緩和壓力事件對憂鬱的影響，[2]這條基因決定了我們面對威脅、羞辱、失去或失敗時的反應——這些刺激大多與無禮言行的經歷有關。

還有另一個因素會決定無禮言行給我們的壓力，那就是我們對無禮言行的掌控力或權力。[3]我們被較高權力的人欺負時（近三分之二的案例都是這種情況），衝擊力會更強。或者，當老闆或公司要求我們跟惡劣的同事合作，那麼絕望感就會倍增。有無數針對人類與老鼠的實驗室研究都發現，人類與老鼠在面對自己無法控制的壓力源時會特別掙扎。[4]所以，戰勝這種無助感是非常重要的。

你還要考慮：你是左腦人還是右腦人？人類的大腦分為左

右腦，右腦主導你對負面感受的反應，如恐懼、焦慮與厭惡。[5]
而在你體驗到正面感受時，如快樂、驕傲、希望、樂趣與愛，
你的左腦便會亮起來。一些研究人員認為，右腦人（右側大腦
皮質較活躍）通常都比較憂鬱、焦慮，而幸運的左腦人通常幸
福感都比較高。[6]

　　左腦決定了一個人從無禮的經歷中恢復的能力。當無禮
行為引發恐懼與焦慮，大腦杏仁核會助長火苗，而你的左腦則
像是滅火器，發揮鎮靜的功能。如果左腦更活躍、更快，那麼
恢復時間也會縮短。[7]而如果你是右腦人，恢復時間則會比較
久。這些反應上的差異不算小，研究發現，我們從無禮經歷中
恢復的能力因人而異，差異最多可達 3,000％。[8]

如何面對加害者？

　　不論你敏感與否，或恢復的速度是快是慢，都必須控制
自己對無禮言行的當下，或事件發生後的反應。在這段不算長
的時間裡，情況可能很快就失控，最終影響你與你的職涯。請
讓理智主導行為，要提醒自己避開雷區。遵循這個最基本的原
則：不要陷進去。要知道情緒具有感染力，憤怒會在短時間內
升級，要給自己一點空間決定下一步。最重要的是，**要拒絕報
復的誘惑**，這樣做只會讓自己沉淪到對方的境界，這反而會弄
壞你的聲譽。

　　你可能會想知道，你是否該與非文明人的同事當面談。我建議你問自己三個問題：

- 我和對方交談時是否感到人身安全？
- 這種行為是故意的嗎？
- 侵犯者常常做這種行為嗎？

　　這些問題並不是都有明確的答案，尤其當你正心煩意亂，所以你可以考慮和同事、家人、心靈導師或朋友分享你的答案。也許旁觀者清，他們可能更能思考對方的處境，以及組織的整體環境。

　　如果你對這三題的答案都是肯定的，那就可以跟加害者坐下來談談，說出那些行為帶給你的感受。但在衝去找對方之前，請先做好準備，挑選一個可以讓你感覺合適的時間與環境（對方也感覺舒服的話會更好）。想想是否要找第三方加入，充當證人或調解人（例如，人資部同事）。接著你可以實際演練，找一些會給你中肯回饋的人一起測試看看你的論點與說話方式，要求他們扮演那個加害者、模擬對方的性格。執行時要抱持著互惠心態，思考你們分別要如何從這次談話中受益。

　　真正在談的時候，一定要將焦點放在問題上，而不是個人，告訴他某些具體行為如何對雙方表現有所損害。善用傾聽的技巧，除了注意用字遣詞，更要注意非語言溝通，特別是語氣。當然這知難行易，因為多數人只會練習**該說什麼**，而忽略了**該怎麼說**。在整個談話過程中，注意自己的姿勢、眼神、臉部表情、肢體動作（緊張與坐立不安的姿勢等）、說話的節奏，以及選用措詞的時機。別忘了觀察對方的肢體互動，以及非語言溝通。如果加害者變得情緒化或惱羞成怒，請試著容忍，這樣可能會加強對話的成效，若能搭配「我懂」或「我理解」之類的話更好。在適當的時機認錯也會很有幫助。

　　最後，記得適時發表意見，證明你有在聽。複述對方的話、詢問對方的看法是否與你相同。我在實驗中就發現，如果使用這種方式來謙遜地提問，人們多半會取得對方信任，也會顯得更討喜。不要忘了，你和對方談話的目標，是就未來提高績效的規範達成共識。所以你也要專心理解對方的觀點。這個無禮同事是否也覺得自己受到無禮的對待？他們的禮貌或工作效率是被什麼東西（可能無關乎工作）扭曲，結果離開正軌了嗎？這些資訊十分有助於溝通。

　　　　如果前述三個問題中，有任何一題的答案是否定的，那就不要與對方談。以後與對方交流時，請遵循BIFF法，即簡短（Brief）、傳達資訊（Informative）、友善（Friendly）、堅定（Firm）。

除此之外，

- 對話一定要集中在焦點。
- 盡量減少面對面的共事機會。能避開的專案跟會議就避開；可以找對方的助理就好；到其他位置工作。
- 跟冒犯者會面時遠離你的辦公室，最好是在中立的環境，以便隨時結束談話。

心態調適可以提高勝率

　　除了用對的方法跟冒犯者交流，還有一個因素可以緩和無禮言行的負面效應，那就是**積極向上**的心態。假如你沒辦法做什麼，那你一定要專注於自己，並培養一種內在的正能量、活力與成長。我曾在各個行業進行研究，我發現進入積極心態的人更健康、更有韌性，也更能專注在工作。如果一個人的內心有積極的情緒，哪怕只有一點點，也能讓他遠離焦躁、壓力與消極情緒。有一項研究觀察了六個不同產業中的六個組織，發現積極向上員工的倦怠程度比一般員工低了 1.2 倍。[9] 積極的員工對於自己與自身掌控局面的能力也更有信心，比一般員工高了 52％。[10] 他們不太會被無禮言行拖入消極、焦躁或自我懷疑的漩渦。[11]

　　當你經歷無禮言行時，你內在的積極情緒就會開始以一種特殊的方式來發揮作用：它會讓你輕鬆跳脫事件的負面影響，降低其破壞力。我有一名優秀的教練朋友，他喜歡問面臨困境的人：「你希望這件事有什麼意義？」正如他的想法：解讀事件的方式才最重要。你想讓對方拉你到多深？在這種狀況下，你能學到什麼有用的經驗？

　　科學表明，決定我們幸福感的因素，50％是大腦迴路結構，40％是我們對事件的解讀與反應，而有10％則是所處環境（例如，我們的權力是否較低；我們是否仰人鼻息）。[12]在很大程度上，你真的可以對無禮事件有解讀、賦予它意義，你可以決定告訴自己什麼故事。事件會不會讓你反感，也是你可以控制的。對你來說，「堅強一點」或許不切實際，但你確實可以**選擇**忽視對方的言行。

　　如果你積極向上，你就不太可能太在意自己受到的打擊，也不太可能消極地解讀人的言語或行為。其實，這樣的你所做的解讀，更可能會體現出你自己跟你的行為。那些專注於積極向上的人在經歷無禮事件之後，工作表現所受的影響比一般人低了34％，[13]這是很驚人的差距！

　　我在自己生活中，也見識了積極向上所帶來的改變。我在前面的章節提到有位資深教職員嘲笑我第一本書的書名，以及我當時的感受。我根本就不執著那個書名，但我很脆弱。這個人的權力比我大，再加上我當時有升遷機會——不是隨便的，要不是終身職就是丟掉飯碗。由於我的生活中充斥著積極向上的情緒，所以我意識到自己有選擇機會。我可以任由他的話吞噬自己，也可以拒絕。我可以每天行屍走肉地坐在電腦前，搖

搖欲墜地流眼淚，不停在腦海中重播那一幕，沉溺在自怨自艾
的情緒中，質疑自己的能力；我可以讓當天的經歷擊潰我的自
尊；我可以反覆設想：**萬一我的職涯被他毀掉怎麼辦？我該何
去何從？我要怎麼在站起來？**又或者，我可以找到更有效的回
應方式。

　　如果我讓這傢伙的評論左右我和我的書，那就完蛋了，
我會變得微不足道。我的研究成果會萎縮，我講課時也會縮
小──一個憂鬱、迷你版的我。我的負面情緒會感染MBA學
生跟高管們。我講授的不再是有趣、吸引人、充滿交流與幽默
的課程，我只會結結巴巴講課，被學生拋出的問題或質疑嚇呆
了。我還會讓家人與朋友失望。我這時可以試著振作，「裝成
一副快樂、勇敢的樣子」，但實際上紙包不住火，熟人一眼就
能看出不尋常。

　　當時，我的人生積極向上，我感覺精力充沛。我有一種
自己正在成長、前進的感覺。也因此，我可以選擇解讀方式，
用一種肯定整體自我的方式來看當時狀況。我把這件事歸因於
對方，而不是我。我決定將他的評論看作**他**批判性格的產物，
而不是我的表現不好。他的行為是在貶損他人，而不是幫助他
人，我根本沒有難過的理由。

立於不敗的七種方法

你可能會想知道，經歷過一次無禮的事件後，一個人是否還可以繼續保有積極向上的想法。好消息是：可以！首先，停止在腦海中重複那個行為，盡量限制你讓自己感覺受傷、不公平以及憤怒的時間。宋提娜（Tina Sung）是公共服務合作組織（Partnership for Public Service）這個非營利組織的副會長，她分享了一句我很喜歡的諺語：「你可以造訪自憐之都，但你不能定居於斯。」養成寫日誌之類的習慣也會有幫助，布魯克斯（David Brooks）在《成為更好的你》（The Road to Character）中提到，美國前總統艾森豪會在日誌裡大肆發洩，藉此來釋放職場上的負面情緒（他顯然是在專橫的麥克阿瑟將軍手下養成了這個習慣）。如果你把自己的憤怒、傷痛或挫敗感用寫作來抒發，那你就不太可能對別人發洩，結果讓無禮持續惡性循環。

對我來說，我不太需要寫日誌。但我會問自己：「我要為什麼而戰，是我的過去還是未來？」我發現，只要我感覺受傷或是不公平，自問並自答這個問題可以幫助我看清遊戲計畫。對我來說，這個問題為我指出了一條清晰的前進道路。我想積極地向前走，不想一輩子都在盯著後照鏡。

如果你想和我一樣，決定聚焦在未來，那你可以更看重個人成長與學習，藉此強化積極向上的想法。有許多方法可以達成這件事：

#方法 1：確立想精進的領域，積極尋找成長機會

　　阿馬比爾（Teresa Amabile）與克萊默（Steven Kramer）透過他們的研究證實，個人的進步感是工作上最強大的動力，甚至比認同感或薪資更強。不管在是生活中的任何領域，「感覺自己在進步」都會讓你提升積極向上的情緒。[14]年輕的凱特在行銷部門工作，她覺得「有毒的環境正在侵蝕她的靈魂」，但她不知道出路在哪裡，於是攻讀了 MBA。凱特一步一腳印，例如她在 GMAT（研究生管理科入學考試）取得好成績、認識新同儕，這些事情漸漸給了她急需的信心與快樂。她沒有感覺自己被關押在一個可怕的環境，而是感覺到一種進步與成長——她正在提升。雖然她不知道自己會如何發展，但透過積極追求成長，感覺自己更堅強、更強悍。

#方法 2：尋找創新的機會

　　想辦法參與一些不是你職責內容的專案或工作。[15]如果你在公司找不到這種機會，那就在你的社區裡找找看領導與學習的機會，像是參加社區組織委員會。培養新技能、興趣或運動習慣，也可以使人產生成長與進步的感受。我有一個朋友決定拿出他塵封已久的高爾夫球桿、報名課程，果斷開始重拾興趣。置身在美好的戶外環境下會得到鎮定效果，他的壓力因此降低。他很滿意他留了一些時間給自己。他時常一個人打球，

因此他有空間消化工作帶來的壓力與難纏的同事。他的思緒更清晰，擬出的策略也更實用。回到辦公室後，他覺得自己的身心更加平衡，準好應付那些無禮的行為。至於揮桿猛擊高爾夫球——好吧，他說很有趣。他可以把小白球想像成老闆，打向果嶺的時候就像在教訓它。總之，高爾夫球就這樣變成我朋友控制憤怒、逃離辦公室的好方法。

　　開始做一些能讓你感覺自己正在進步、學習或成長的活動，你可以主動幫助新進員工，或是其他同事。你的選擇必須讓你感覺自己更聰明、更強大，而且更有樂趣，能幫助你淨化思緒並滋養心靈。

#方法3：向心靈導師求助

　　琳恩是一名顧問，她曾在某位心靈導師的幫助下，在無禮職場上生存下來，並持續積極向上。這位導師是個有話直問的人，總是提醒她負面環境會如何損害她的快樂、幸福，與工作能力。為什麼琳恩不避開讓她不快的人事物？她如果可以在家輕鬆工作，為什麼要花力氣處理那些會讓人耗盡精力、成果的衝突與對話？這位導師在琳恩心中樹立起標準，幫助她專心避開地雷，以防她的士氣與事業受到波及。雖然琳恩常覺得導師的建議有點強人所難，剛開始也覺得對方的慷慨讓自己顯得自私，但她不能否認，導師的建議與策略大大地感善了她的幸福感。與心靈導師談話也讓她在工作上有更好的表現，並獲得公司拔擢。

#方法4：妥善管理精力，照顧好自己

我們已經討論過，無禮就像是具傳染性的病原體，是一種病毒。你對這種病毒的抵禦，很大程度上取決於你管理自己精力的能力。我的研究發現，許多有助於預防疾病的因素（良好的營養、睡眠、壓力管理），也能幫助你抵禦無禮的有害影響（且防止你也變得無禮，詳情見第5章）。睡眠尤其重要，研究指出，缺乏睡眠使人容易分心，在面對粗魯無禮的同事時也更容易失控。我們幾乎可以確定，睡眠不足（一般定義為夜間睡眠時間少於5小時）會導致你對無禮言行有不好的反應，甚至可能危及你的事業。[16]

我在第5章提到，運動可以幫助我們禮貌行事。此外，運動也可以讓我們有能力對抗無禮言行引發的憤怒、恐懼與悲傷，進而採取更恰當的回應方式。只要你動得越多，你的認知潛力也會隨之提升，於是更能擺脫那些拖累你的無用思緒與情緒。有一項針對一六三二名工作者的研究發現，每週運動至少四小時的人，罹患憂鬱症或倦怠的機率降低了50%。[17]另一項研究指出，運動的效果比舍曲林（sertraline）這種抗憂鬱劑還有效。[18]定期運動的人也較不容易生悶氣，且在負面人際互動之後的恢復能力更強。快動起來吧！

保持精力的方式不只一種，如健康飲食，可以讓你用最佳

狀態面對無禮行為。當你很飢餓，你會如何處理挫折感？我想大多數人會直接爆發，因為此時的我們缺乏耐心回應所需的自制力。同樣地，當你遭受挫折並準備朝某人發火時，正念（轉換你的意識，讓腦袋較慢、較有思慮地地處理情境，並做出目標明確的反應）可以讓你靜下心來。

#方法5：找出人生的意義或使命感

我在一項實驗中發現，積極向上的人在無禮的團隊中一樣可以維持高效，而當他們認為自己的工作有意義時，適性力就會進一步強化。[19]問問自己：「我的工作有什麼意義？」在力所能及的範圍內，把工作塑造成對你更有意義的樣子。「工作塑造」（job crafting）是史丹佛大學的柏格（Justin Berg）、密西根大學的達頓（Jane Dutton），以及耶魯大學的瑞斯尼斯基（Amy Wrzesniewski）共同開發出的技術，這種資源可以讓你以動機、優勢與熱情為中心來形塑你的活動，從而在工作中創造更多意義。[20]這個練習包括將工作形象化（visualizing），在內心投映（mapping）出工作的元素、再將這些元素重新組織（reorganizing）起來，以符合你的需求與人格。

有四個策略（出於瑞斯尼斯基的研究）可以幫助你或你的員工快速進行工作塑造。先反思一下你如何在工作任務、互動與人際關係中分配時間的，由此開始。接著：

- 用不同的時間、精力分配來優化你目前的工作，從而建立掌控感、正向認同感，以及人際連結。
- 調整工作內容，以便自己能利用正向積極的互動。
- 重新安排工作任務與互動，充實自我並滿足對意義的感受，將更多時間投入在重點上。
- 累積技術、經驗來自己投資自己的未來，藉此準備好面對往後更有意義的工作。[21]

#方法6：在職場內外尋求積極的人際關係

告訴你一個令人悲傷的事實：負面關係對於員工積極情緒的影響力，比正面關係高了4到7倍，而且不論在哪種產業、組織或層級皆然。[22] 為了抵銷職場上負面人物的效果，你應該讓自己周遭有一些正面人物。後者並不難辨認，他們是你生活中能讓你開心、鼓舞你的人。多花點時間和這些人在一起，說不定還能認識寶貴的人脈。

#方法7：在職場外也要積極向上

在一項探討MBA學生、EMBA那些高階主管，以及一般工作者的研究中，我發現在職場內與外的積極心態彼此有著緊密的關聯性。在積極發展職場外的活動的個體，其情緒存量（emotional reserves）會倍增，並同時加強成長與學習的意識。

另一篇研究深入了解曾遭遇無禮言行的人，發現其中在職場外向上發展的人，有80％感覺自己健康狀況更好、89％在工作上更積極向上、38％更滿意自己處理無禮行為的方式。[23] 在社區中尋找領導的機會，可以促進認知與情感的積極程度，而如果你身處的組織無法提供領導機會，這會是個好方法。想一想，在辦公室外面有什麼能讓你更快樂，然後開始行動吧。

工作越換越好的離職思考

積極向上，其實是要你努力成為最好的自己——是充滿活力、有參與感與前進動力，以及渴望學習的心態。就算在職場上面臨無禮言行，有許多人還是可以達成這個目標，但有些人可能需要換工作、或是調部門。數據顯示，在不文明職場中工作的人，最後大約有八分之一人會離開。如果你正在考慮離職，請先權衡下列幾點：

- 找到更好的工作很困難嗎？
- 如果離職，我的得與失是什麼？
- 離職會對我的職涯有什麼影響？
- 我現在的工作環境注定會一直糟下去嗎？
- 不文明職場是否消耗了我下班後的生活？
- 不文明職場是否損害到我的自我意象（self-image）？

- 無禮言行會給我壓力嗎？

　　無禮會帶來許多損失，但正如本書所寫，我們可以用些方法來管理並減少這種損失。專注在你自己與你的積極心態；確立想發展的領域，並開始行動；尋求心靈導師或家人的幫助；照顧好自己，做好精力管理；強化工作與人生的意義或使命感；投資在正向的人際關係；也要注意工作以外的生活。我的親身經驗是很好的例證，只要能做到上述某幾點（或全部），你就能防止無禮言行蠶食你的注意力、精神與潛力。而且你會成長，而不是挺過去。

　　不要忘記，你有選擇的權利：你希望這種經驗有什麼意義？你要如何回應？你想成為怎樣的人？你想畏畏縮縮，還是想振翅高飛？

　　你能掌控的比你想像的要強大。你的態度、心態與韌性可以改變一切。不要別人把你變得微不足道。深呼吸；做好準備；加滿油；昂首挺立；放手一搏——你難道不覺得你欠自己一次嘗試的機會嗎？

本章重點

■ 多花時間跟那些能為你帶來歡笑的正能量人來往。

■ 停止鑽牛角尖。不要過度分析情境，也不要對某人
產生負面想法。

■ 塑造你的工作，讓它變得更有意義；善用自己的優勢。

■ 別讓無禮言行損害你的健康；定期運動、健康飲食、
好好睡覺。

總結

「尊重你身邊的人，他們就會積極發展。你對他們表現惡意，他們則會分崩離析。」

—— 理查·布蘭森（Richard Branson），維珍集團創辦人

喬伊是加州一間大型醫學中心的外科醫師，他從不認為自己是一個刻薄又粗魯的人，跟他共事過的護理師與住院醫師都心知肚明。然後在 2006 年，同事在 360 度回饋中指出喬伊的行為問題，於是他終於知道了。同事抱怨，他老是喜歡吼著發號施令、喜歡生氣，也不愛聽他人意見。

喬伊既驚訝又懊悔，但他決定改變。他花了幾個月觀察自己的行為，發現最大的挑戰是要調整他不好的語氣。起初，從發號施令改成詢問讓他很不習慣——喬伊和他那輩的外科醫師一樣，已經習慣用「命令與控制」的權威姿態，他的導師們也這樣對待他。他在壓力極大的緊要關頭，還是改不掉這個老習慣。

　　後來，喬伊漸漸發現修正行為沒這麼困難。他跟人打招呼的次數變多了——而且是稱呼對方的名字。他臉上的笑容變多了。他問得問題也變多了，甚至會在同事完成他交付的任務後道謝。

　　同事們發現他變了，於是用不一樣的態度對待他，將怒目轉換成微笑。和他共事的團隊也變得有活力，大家工作時更加積極，也更樂於分享資訊和想法。看到這些進展，喬伊更努力讓自己的行為更文明。於是這開啟了一股正向循環的風氣，讓所有人得以專注於自己的工作，給病患的服務因此更好。喬伊也不再散播不文明病毒，反而成為正能量的傳遞者。起初，他雖然難以接受同事的回饋，但經過一年後再回顧，他卻希望自己能早個幾十年聽到。

　　我們的行為並非像石雕那樣一成不變。我們所有人，無論過去的表現如何，都還有改進的機會。如果我們有一絲在乎自身、工作以及公司，那就**非改不可**。不要再拖了，就從今天開始。用心傾聽對方——這是掌握禮貌的基礎，也是通往健康、有意義、持久的關係的途徑。認可其他人；說聲「你好」；多點微笑；要關心他人，尤其是被你遺忘，或者是需要理解與幫助的人；練習數位禮儀；不吝分享自己的時間和資源（當然，要聰明一點）。

　　當個文明人永遠都不嫌晚，當然也不嫌早。2015年4月12日，21歲的高爾夫球天才斯皮思（Jordan Spieth）於贏得名人賽冠軍。他親切地感謝了主辦方奧古斯塔國家俱樂部的主席與成員，感謝他們在這個莊嚴的地方「讓我們參加這樣一場無與倫比的賽事」。[1]他大力稱讚所有高爾夫比賽的志工們：「沒有你們，我不可能有這種表現。你們所做的一切、所花的時間都被低估了，但我們非常感激。」他還感謝自己的球僮：「我的夢想能成真，都是因為你，我真的很感謝你在幕後的付出。你是最棒的，謝謝你！」他感謝了他的教練、指導老師以及整個團隊，說自己感謝他們的付出，並且「完全信任他們」。他最後感謝家人與好友，願意跟他分享這個特別的時刻。[2]

有多少人會感謝那些服務過我們的人？我們會不會感謝我們生命裡的球僮（在幕後為我們探勘鋪路、提包，並在我們失敗時支持我們的人）？[3]我們是否會凸顯出團隊中每個人的貢獻？我們有沒有感謝過讓我們開心的人？

2015年下半年，斯皮思拿下了一系列重要賽事的冠軍之後，終於有機會成為高爾夫球界第一位贏得名人賽、美國公開賽、英國公開賽與PGA錦標賽的球員。[4]他贏了前兩個比賽的冠軍，但他在英國公開賽時於最後一回合落敗。然後斯皮思做了什麼？他耐心等待當年的贏家詹森（Zach Johnson）打完延長賽，並在第一時間上前擁抱詹森，祝賀他奪冠。

無論是賽中或賽後向對手致敬、[5]感謝球迷與所有人，斯皮思給了我們一個文明精神與運動家精神的好例子。贏得名人賽後，斯皮思的父親肖恩認可了兒子的球技，但他還說：「我們更為他感到驕傲的地方，是他是怎樣的人，以及他如何對待自己跟每一個人……他讓我們非常、非常自豪。」[6]

最終，人際關係是人生中最重要的，而禮貌則是人際關係的基礎。尊重他人可以幫助我們在職場上得到進步與影響力，但這也能使我們與他人建立連結，並在他人的生命中產生正面影響。無論是在職場上或生活中，你都可以當一個文明人，**並**成就自己；無論你的年齡與目前的處境，你都可以掌握禮貌。那麼，你今天做了什麼與他人建立連結？你想留下什麼？你是幫助的一方，還是打壓的一方？

不論何時，我們都可以決定自己想成為的人。

你想成為怎樣的人？

致謝

　　我很幸運，我的家人、朋友、老師與社區無時無刻都在傳遞禮貌，讓我成為一個更好的人。我的祖父母一生都在為他人服務，他們讓我懂得善良；我的父母以身作則，讓我懂得付出與善待他人的道理；我的阿姨、叔叔與親戚們都在許多方面激勵我。Ann McGowan Porath 數十年來為弱勢族群爭取公義，她和 Jerry Porath 一直都是我的榜樣；Pat 和 Terry Toepker 用各類書籍滿足我的精神世界；Terry 與 Hilde Clark 用實際付出來鼓勵我付出。

　　吉爾莫學院的良師塑造了我的未來與興趣，聖十字學院讓我領略到耶穌會信仰。我的籃球教練 Bill Gibbons 是我的榜樣，球隊成員在他的帶領與鼓勵下關係緊密，也積極參與社區事務。參與經濟學榮譽課程，接受 Kolleen Rask 教授的指導，則讓我初次敲開研究的大門，點燃我想走教職的想法。

　　在北卡羅來納大學教堂山分校結識的教授與友人，包括 Amy Kenworthy、Marcus Stewart、Ian Williamson，後來都成為幫助我完成博士班課程的牧羊人。Christine Pearson 是優秀的導師，我倆一起進行的禮貌相關研究令我成長不少，導師 Tom Bateman 和 Jane Dutton 總是會給我最實用的建議，Jeff

Edwards則為我奠定了方法學的基礎。

後來我有幸在南加州大學展開自己的學術生涯，Ed Lawler、Warren Bennis與Morgan McCall都是優秀的學者，也是我的榜樣，他們的研究啟發了後人，影響力數十年不減。Ed Lawler至今都還在擔任研究人員的顧問，給予協助。Deborah MacInnis與Valerie Folkes一直都是我很景仰的導師，我對於無禮言行對客戶與行銷的影響相當感興趣。

我對在喬治城大學的精力仍銘感於心，我曾和那裡優秀的學生、行政人員與校友一起進行研究，我要特別感謝實驗室管理人Christopher Hydock。

感謝Marga Biller、Michele Rigolizzo，以及哈佛大學學習創新實驗室（Learning Innovations Laboratory）課程的所有行政人員，感謝你們和我一起討論本研究，並分享你們的看法和經驗。感謝Jo Solet的協作研究（禮貌與睡眠），感謝Google舉辦的re:Work會議，以及他們在re:Work網網站的無私分享。

本書提出的觀點，都是彙整自數千名實驗參與者的工作經歷，感謝他們願意率性地與我分享這些資訊，令我這二十多年來獲益良多。

感謝對我敞開大門的組織，你們的開誠布公造福了許多人。感謝Amy D'Ambra、Christine Rich、Laszlo Bock、Jennifer Kurkoski、Kathryn Dekas、Brian Welle, Tom Gardner、Lee Burbage、Brian Bjelde、Tim Tassopoulos、

Jay Moldenhauer-Salazar、Stuart Price、Wendy Rice-Isaacs、Patrick Quinlan、Laura Hastings、Britta Wilson、Vicki Lostetter、Christina Fernandez 與 Christopher Lu。此外，我也與許多朋友討論培養禮貌言行的方法，包括 David Giuliano、Jeff McHenry、Justice Gary Hastings、Tina Sung、Tony Morgado、Raazi Imam、Christopher Manning 中尉，以及 Adam Mendler。

感謝 Lorin Rees 為我牽線，謝謝妳從一開始就不斷鼓勵我完成這本書，並向我引薦編輯 Seth Schulman，他給的建議著實令本書增色不少，能與他共事是我的榮幸。

感謝 Gretchen Young 與 Grand Central 出版社，謝謝你們願意相信我，並支持我出版此書。能與像 Katherine Stopa 這樣優秀的編輯合作是我的榮幸，她在本書的製作過程中提供了非常實用的回饋，也一路支持我。感謝的審稿員 Dianna Stirpe 的付出，感謝 Grand Central 出版社所有參與此書出版計畫的人，謝謝你們！感謝 Ed Klaris 提出的聰明建議。

感謝以下與我合作同事，你們讓我對文明職場有更深的了解：Amir Erez、Alexandra Gerbasi、Sebastian Schorch 與 Jessica Kennedy。感謝在其他專案與我共事的人，包括 Tony Schwartz、Gretchen Spreitzer、Cristina Gibson、Robert Cross、Kristin Cullen-Lester、Andrew Parker 與 Trevor Foulk。

感謝所有在《哈佛商業評論》(Harvard Business Review) 工作

的朋友，包過 AmyGallo、Eben Harrell、Ellen Peebles、Sarah Green 等人，謝謝你們對本書的奉獻，並提供許多曝光的機會。感謝《紐約時報》的 Trish Hall，謝謝你讓我的研究有機會面世。

感謝 Greg Long、Mark Kennedy、Bailey O'Donnell、Craig Rubens、Anna Fraser、Kimberly Perttula、Amy Wrzesniewski、Valeria Khislavsky 與 Dax Alvarez，謝謝你們的建議、協助與鼓勵。感謝 Yahya Cheema 為我處理線上無禮程度測驗的事情，感謝 Heather Ahearn、Lauren George 與 Mary Mulligan 等好友的陪伴。感謝 Adam Grant 在這一路上與我分享他的人生智慧。

我要特別感謝我的家人與摯友，包括我的父母、Mark Porath、Carrie、Tripp Cherry 與 Sarah Porath，謝謝你們的支持。他們永遠都能鼓舞我的士氣，逗我開心。最後，我要謝謝我的哥哥 Mike Porath，本書的編輯工作與許多觀念都是他提出的，即便雜事纏身，他也總是不吝於提供建議與支援，謝謝你！

工具 —————————————————————

提高自我價值的五個練習

精力管理

填寫線上精力稽核表（http://positiveorgs.bus.umich.edu/wp-content/uploads/GrantSpreitzer-EnergyAudit.pdf），看看你的精力高點和低點各別落在何處。你可以做出相應調整，你可以藉由結果來為自己量身打造工作（或可能更有挑戰性！）。

樹立可模仿的對象

- 想想一些禮貌言行的最佳實例。你最尊敬的人是誰？也想想你遇過那些有禮的領導者。想想你見過的禮貌模範生，他們其實代表了你希望他人看待你的方式。
- 在紙上列出幾個上述的人，要標記他們的言行，尤其是讓你特別有感的事情。
- 對於每個你舉出的例子，都要把你的分析與自己的行為作比較。其中有哪些相似元素？你那些方面做得不夠好？你會用哪一些特質來提高自己？

覺察你的隱形偏見

完成內隱聯結測驗（https://implicit.harvard.edu/implicit/takeatest. html），查看自己的得分。

評估你的人際技巧

請做以下的肢體語言測驗：

- 研究人員使用人際反應指數（Interpersonal Reactivity Index）測試同理心與針對他人行為的反應。
- Greater Good Science Center 網站的情商測驗（http://greatergood.berkeley.edu/ei_quiz/）。

練習傾聽的技巧

以下是作家與清醒傾聽TED講者崔蘇爾的建議：

- 沉默（Silence）：每天練習沉默三分鐘，重製你的耳朵。
- 混雜（Mixture）：即便是在極度吵雜的環境中，也要辨別你所聽的聲音有多少頻率，這可以提高你的聽力品質。
- 品味（Savoring）：從日常聲響到你喜歡的聲音，練習品味不同的聲音，就像是一首「隱形合唱曲」。

- **傾聽姿態**（Listening positions）：雖然傾聽的姿態有許多種，但請練習不同的姿態，如主動與被動、化簡與化繁、批判與同理。

工具

讓你的團隊再進化

誰是團隊文明人

　　請團隊成員互相提出回饋。你可以先將下列行為表發給每一個人，請他們在行為後面列出其他人的名字（可以填多個，也可以填自己），也就是當看到描述的文字時，把浮現腦中的名字寫出來。若沒有可對應的對象，那就不用填。等所有人都填完後，讓大家一起討論回饋，你們可以逐項討論，或將表8當成回饋工具，記錄成員的優點與須改進的缺點。

表8：找出你團隊中的文明人

會叫人名字						
會說請與謝謝你						
犯錯時喜歡把問題推給別人						
微笑						
需要當面溝通時，卻選擇寄電子郵件						
認可他人						
喜歡將團隊的功勞攬在自己身上						
開會時收發電子郵件或傳訊息						

喜歡無故遲到						
貶低他人						
說別人的好話						
故意延遲提供資訊或資源						
明知對方聽不懂，仍使用專業術語						
散播謠言						
用肢體行為鄙視對方（如翻白眼，訕笑等）						
只顧著使用3C產品						
使對方融入人際網路或團隊						
把某人排擠在人際網路或團隊之外						
樂意分享（如資源或協助）						
喜歡占便宜						
忽視他人的意見						
懂得傾聽						
照顧他人						
陷害他人，使對方失敗						
開會無故遲到、早退						
侮辱他人						
貶低他人，拒絕肯定他人的努力						
針對某人發表貶低性的評論						
認為他人的付出理所應當						
只挑簡單的工作做，難的留給別人						
寫電子郵件時用詞有禮						
即便意見不同，仍尊重對方						
打斷他人談話						
批評和自己不一樣的人						
感謝他人的付出						

給團隊成員的討論題目

1. 我們團隊中的有禮與無禮言行各有哪些？

2. 無禮言行對個人／員工／團隊／其他利害關係人（如客戶、顧客、投資人）的影響為何？

3. 禮貌言行對個人／員工／團隊／其他利益關係人（如客戶、顧客、投資人）的影響為何？

4. 我怎樣會變成不文明病毒帶原者？我會在職場上傳染給哪些人？外面的人呢？哪些人會受到無禮言行影響（但你不希望這樣）？付出代價的是誰？付出什麼？

5. 我說的什麼話、做的哪些事可以傳遞文明風氣？引發了什麼連鎖反應？

6. 團隊成員各自最大的盲點是什麼？（針對每個人給出準確的回饋。）

7. 我們心中有什麼偏見，或者說我們的團隊有什麼偏見？

8. 這些偏見如何滲入我們的人際互動？（可從肢體行為窺見端倪。）

9. 我們團隊是否會對某些人或群體不利？

10. 我們要如何打破組織或團隊內的階級制度？要怎麼更有包容力？（想想看問候、辦活動或其他想法，讓對方覺得自己是團隊的一分子。）

11. 我們覺得對方貢獻得少，是不是因為我們自己的期待就很少？

12. 我們希望見到哪種團隊／組織常規？

13. 我們願意為了禮貌常規替彼此負責嗎？

指導禮貌時的引導提問

具體來說，以下引導問題適用於有貶低他人傾向的管理者：

- 他的貶低性行為包含**哪些元素**？他是否在開會的時候攻擊某人？

- 他攻擊的對象**是誰**？是部屬嗎？還是整個團隊？還是升遷提案的競爭者？

- 他**在什麼時候，在哪裡**做出貶低性行為？是在當眾嗎？還是在一對一談話時？他是因為身處絕境或緊張時刻才這樣的嗎？

- 這種貶低行為會**如何**影響其他人？他們有什麼回應？他們是否因此做出脫序行為？他們是否對自己失去信心？他們是否失去工作的動力？

- **為何**他會做出這樣的行為？這樣做會讓他有快感嗎？還是會讓他覺得自己很強？他在家壓力很大嗎？他的工作是不是岌岌可危？

參考資料

第 1 章　無禮已成為潮流

1. Weber Shandwick, "Nearly All Likely Voters Say Candidates' Civility Will Affect Their Vote; New Poll Finds 93% Say Behavior Will Matter," press release, January 28, 2016, http://www.webershandwick.com/news/article/nearly-all-likely-voters-say-candidates-civility-will-affect-their-vote.

2. J. Zaslow, "The Most-Praised Generation Goes to Work," *Wall Street Journal*, April 20, 2007, http://www.wsj.com/articles/SB117702894815776259. Note that these were measured by standard personality inventories.

3. C. A. Bartel, A. Wrzesniewski, and B. M. Wiesenfeld, "Knowing Where You Stand: Physical Isolation, Perceived Respect, and Organizational Identification Among Virtual Employees," *Organization Science* 23, no. 3 (2012): 743–57.

4. R. Putnam, *Bowling Alone: The Collapse and Revival of American Community* (New York: Simon & Schuster, 2001); and M. J. Dunkelman, *The Vanishing Neighbor: The Transformation of American Community* (New York: W. W. Norton, 2014).

5. C. L. Porath, "No Time to Be Nice at Work," *Sunday Review, New York Times*, June 19, 2015, http://www.nytimes.com/2015/06/21/opinion/sunday/is-your-boss-mean.html?_r=0.

6. K. Narragon, "Subject: Email, We Just Can't Get Enough," *Adobe News* (blog), http://blogs.adobe.com/conversations/2015/08/email.html.

第 2 章　你所不知的無禮後果

1. R. M. Sapolsky, *Why Zebras Don't Get Ulcers*, 3rd ed. (New York: Owl Books / Henry Holt, 2004).

2. N. Slopen, R. J. Glynn, J. E. Buring, T. T. Lewis, D. R. Williams, et al. (2012), "Job Strain, Job Insecurity, and Incident Cardiovascular Disease in the Women's Health Study: Results from a 10-Year Prospective Study," *PLoS ONE* 7(7): e40512. doi: 10.1371/journal. pone.0040512.

3. J. Lehrer, "Your Co-Workers Might Be Killing You," *Wall Street Journal*,August 20, 2011, http://www.wsj.com/articles/SB10001424053111903392904576512233116576352.

4. A. Shirom et al., "Work-Based Predictors of Mortality: A 20-Year Follow-Up of Healthy Employees," *Health Psychology* 30, no. 3 (2011): 268–75.

5. Lehrer, "Your Co-Workers Might Be Killing You," http://www.wsj.com/articles/SB1000142 4053111903392904576512233116576352.

6. S. Lim, L. M. Cortina, and V. J. Magley, "Personal and Workgroup Incivility: Impact on Work and Health Outcomes," *Journal of Applied Psychology* 93, no. 1 (2008): 95–107.

7. M. Ferguson, "You Cannot Leave It at the Office: Spillover and Crossover of Coworker Incivility," *Journal of Organizational Behavior* 33, no. 4 (2011): 571–88.

8. S. Lim and K. Tai, "Family Incivility and Job Performance: A Moderated Mediation Model of Psychological Distress and Core Self-Evaluation," *Journal of Applied Psychology* 99, no. 2 (2014): 351–59.

9. "Stress in America: Paying with Our Health," survey, American Physiological Association, February 4, 2015, http://www.apa.org/news/press/releases/stress/2014/stress-report.pdf.

10. E. Seppala and K. Cameron, "Proof That Positive Work Cultures Are More Productive," *Harvard Business Review* online, December 1, 2015; and Humana, "Combat Stress at Work to Promote Health," Focus, April 2009, http://apps.humana.com/marketing/documents. asp?file=1143441.

11. "Highlights: Workplace Stress and Anxiety Disorders Survey," Anxiety and Depression Association of America website, 2006, http://www.adaa.org/workplace-stress-anxiety-disorders-survey.

12. C. Pearson and C. Porath, *The Cost of Bad Behavior: How Incivility Is Damaging Your Business and What to Do About It* (New York: Portfolio / Penguin Group, 2009); and C. Porath and C. Pearson, "The Price of Incivility," *Harvard Business Review*, January–February 2013.

13. W. Cascio and J. Boudreau, *Investing in People: Financial Impact of Human Resource Initiatives* (Upper Saddle River, NJ: FT Press, 2008).

14. J. Connelly, "Have We Become Mad Dogs in the Office?" *Fortune*, November 28, 1994,

197–99.

15. C. L. Porath, D. J. MacInnis, and V. S. Folkes, "Witnessing Incivility Among Employees: Effects on Consumer Anger and Negative Inferences About Companies," *Journal of Consumer Research* 37, no. 2 (2010): 292–303.

16. Porath, MacInnis, and Folkes, "Witnessing Incivility Among Employees: Effects on Consumer Anger and Negative Inferences About Companies," *Journal of Consumer Research* 37, no. 2 (2010): 292–303.

17. C. L. Porath, D. J. MacInnis, and V. S. Folkes, "It's Unfair: Why Customers Who Merely Observe an Uncivil Employee Abandon the Company," *Journal of Service Research* 14, no. 3 (2011): 302–17.

18. C. L. Porath and A. Erez, "Does Rudeness Really Matter? The Effects of Rude Behavior on Task Performance and Helpfulness," *Academy of Management Journal* 50, no. 5 (2007): 1181–97.

19. C. L. Porath and A. Erez, "Overlooked but Not Untouched: How Rudeness Reduces Onlookers' Performance on Routine and Creative Tasks," *Organizational Behavior and Human Decision Processes* 109, no. 1 (2009): 29–44.

20. A. Erez, C. L. Porath, and T. Foulk, "Even if It's Only on Your Mind: The Cognitive Toll of Incivility" (working paper, University of Florida, Gainesville,2007).

21. C. Chabris and D. Simons, *The Invisible Gorilla: And Other Ways Our Intuitions Deceive Us* (New York: Crown, 2010).

22. A. H. Rosenstein and M. O'Daniel, "A Survey of the Impact of Disruptive Behaviors and Communication Defects on Patient Safety," *Joint Commission Journal on Quality and Patient Safety* 34, no. 8 (2008): 464–71.

23. O. MacDonald. Disruptive physician behavior. May 15, 2011. Available at: www.quantia-md.com/q-qcp/Disruptive_Physician_Behavior.pdf. Accessed April 21, 2016.

24. A. Riskin et al., "The Impact of Rudeness on Medical Team Performance: A Randomized Trial," *Pediatrics* 136, no. 3 (2015): 487–95.

25. C. Porath, "How Civility Matters for You and Your Network," *The Water Cooler* (blog), Google re:Work, December 7, 2015, https://rework.withgoogle.com/blog/how-civility-matters-for-you-and-your-network/.

26. Porath and Erez, "Does Rudeness Really Matter?" 1181–97; Porath and Erez, "Overlooked but Not Untouched," 29–44; and C. L. Porath, "No Time to Be Nice at Work," *Sunday*

Review, *New York Times*, June 19, 2015,http://www.nytimes.com/2015/06/21/opinion/sunday/is-your-boss-mean.html?_r=0.

27. Porath and Erez, "Overlooked but Not Untouched," 29–44.

第 3 章　有禮走遍天下

1. Terri Kelly, interview by Jeremy Hobson, "What It's Like to Lead a Non-Hierarchical Workplace," *Here and Now*, WBUR, July 1, 2015, http://hereandnow.wbur.org/2015/07/01/wl-gore-ceo-terri-kelly.

2. A. Deutschman, "The Un-CEO," *Fast Company*, September 1, 2005, http://www.fastcompany.com/53896/un-ceo; and "Gore CEO Terri Kelly Featured in Fast Company Magazine," press release, W. L. Gore and Associates,August 24, 2005, http://www.gore.com/en_xx/news/corp_fastcompany_terrikelly_050824.html.

3. N. Machiavelli, *The Prince and Other Writings*, trans. W. A. Rebhorn (New York: Barnes & Noble Books, 2003).

4. C. L. Porath, "No Time to Be Nice at Work," *Sunday Review, New York Times*, June 19, 2015, http://www.nytimes.com/2015/06/21/opinion/sunday/is-your-boss-mean.html?_r=0.

5. C. Porath, A. Gerbasi, and S. Schorch, "The Effects of Civility on Advice,Leadership, and Performance," *Journal of Applied Psychology* 100, no. 5 (2015): 1527–41; and C. Porath and A. Gerbasi, "Does Civility Pay?" *Organizational Dynamics* 44, no. 4 (2015): 281–86.

6. J. Kennedy and C. L. Porath, "Civility, Status, and Power" (working paper,Vanderbilt University, Nashville, 2015); and Machiavelli, *The Prince and Other Writings*.

7. Kennedy and Porath, "Civility, Status, and Power" (working paper, Vanderbilt University, Nashville, 2015).

8. Porath, Gerbasi, and Schorch, "The Effects of Civility on Advice, Leadership,and Performance," 1527–41; and Porath and Gerbasi, "Does Civility Pay?" 281–86.

9. T. Casciaro and M. S. Lobo, "When Competence Is Irrelevant: The Role of Interpersonal Affect in Task-Related Ties," *Administrative Science Quarterly* 53, no. 4 (2008): 655–84; and M. S. Lobo and T. Casciaro, "Competent Jerks, Lovable Fools, and the Formation of Social Networks," *Harvard Business Review*, June 2005.

10. Porath and Gerbasi, "Does Civility Pay?" 281–86. In one biotech firm we studied, the

people viewed as civil had 1.5 times more energizing ties (i.e.,people were energized to work with them) than those seen as uncivil. The people seen as uncivil had three times as many de-energizing ties (i.e., they had an enduring, recurring set of negative judgments, feelings, and behavioral intentions toward another person) as those seen as civil.

11. Porath and Gerbasi, "Does Civility Pay?" 281–86.

12. C. Porath, "How Civility Matters for You and Your Network," *The Water Cooler* (blog), Google re:Work, December 7, 2015, https://rework.withgoogle.com/blog/how-civility-matters-for-you-and-your-network/.

13. Porath, Gerbasi, and Schorch, "The Effects of Civility on Advice, Leadership,and Performance," 1527–41; and Porath and Gerbasi, "Does Civility Pay?" 281–86.

14. J. M. Kouzes and B. Z. Posner, *Credibility: How Leaders Gain and Lose It,Why People Demand It*, 2nd ed. (San Francisco: Jossey-Bass,2011).

15. C. Porath, "The Leadership Behavior That's Most Important to Employees," Emotional Intelligence series, *Harvard Business Review* online, May 11, 2015,https://hbr.org/2015/05/the-leadership-behavior-thats-most-important-to-employees.

16. A. M. Koenig et al., "Are Leader Stereotypes Masculine? A Meta-Analysis of Three Research Paradigms," *Psychological Bulletin* 137, no. 4 (2011): 616–42.

17. W. Levinson et al., " Physician-Patient Communication. The Relationship with Malpractice Claims Among Primary Care Physicians and Surgeons," *Journal of the American Medical Association* 277, no. 7 (1997): 553–59.

18. N. Ambady et al., "Surgeons' Tone of Voice: A Clue to Malpractice History," *Surgery* 132, no. 1 (2002): 5–9.

19. M. Gladwell, *Blink: The Power of Thinking Without Thinking* (New York: Back Bay Books, 2005).

20. T. Qiu et al., "The Effect of Interactional Fairness on the Performance of Cross-Functional Product Development Teams: A Multilevel Mediated Model," *Journal of Product Innovation Management* 26, no. 2 (2009): 173–87.

21. A. Carmeli, J. E. Dutton, and A. E. Hardin, "Respect as an Engine for New Ideas: Linking Respectful Engagement, Relational Information Processing,and Creativity Among Employees and Teams," *Human Relations* 68, no. 6 (2015): 1021–47.

22. T. J. Vogus, "Mindful Organizing: Establishing and Extending the Foundations of Highly Reliable Performance," in *The Oxford Handbook of Positive Organizational Scholarship*, ed. K.

Cameron and G. M. Spreitzer (Oxford,United Kingdom: Oxford University Press, 2011), 664–76.

23. L. Ramarajan, S. G. Barsade, and O. Burack, "The Influence of Organizational Respect on Emotional Exhaustion in the Human Services," *Journal of Positive Psychology* 3, no. 1 (2008): 4–18.

24. "Costco vs. Wal-Mart: Higher Wages Mean Superior Returns for Investors," http://www.fool.com/investing/general/2014/03/12/costco-vs-wal-mart-higher-wages-mean-superi-or-retu.aspx.

25. A.B. Goldberg and B. Ritter, "Costco CEO Finds Pro-Worker Means Profitability," *ABC News* August 2, 2006, http://abcnews.go.com/2020/Business/story?id=1362779.

26. W. Cascio, "The High Cost of Low Wages," *Harvard Business Review,*December 2006.

27. T. Schwartz and C. Porath, "Why You Hate Work," *Sunday Review, New York Times*, May 30, 2014, http://www.nytimes.com/2014/06/01/opinionsunday/why-you-hate-work.html.

28. Porath, Gerbasi, and Schorch, "The Effects of Civility on Advice, Leadership,and Performance," 1527–41.

29. Porath, "The Leadership Behavior That's Most Important to Employees," https://hbr.org/2015/05/the-leadership-behavior-thats-most-important-to-employees.

30. Porath, "How Civility Matters for You and Your Network," https://rework.withgoogle.com/blog/how-civility-matters-for-you-and-your-network/.

31. J. Rozovsky, "The Five Keys to a Successful Team," *The Water Cooler* (blog),Google re:Work, November 17, 2015, https://rework.withgoogle.com/blog/five-keys-to-a-successful-goo-gle-team/.

32. I. Mochari, "How Market Basket's Deposed CEO Earned Employee Loyalty," *Inc.*, July 25, 2014, http://www.inc.com/ilan-mochari/market-basket-loyalty.html.

33. O. Khazan, "It Pays to Be Nice," *Atlantic*, June 23, 2015, http://www.theatlantic.com/business/archive/2015/06/it-pays-to-be-nice/396512/; and Mochari, "How Market Basket's Deposed CEO Earned Employee Loyalty," http://www.inc.com/ilan-mochari/market-bas-ket-loyalty.html.

34. Khazan, "It Pays to Be Nice," http://www.theatlantic.com/business/archive/2015/06/it-pays-to-be-nice/396512/.

35. C. Ross, "Arthur T. Demoulas Happy 'Just Being a Grocer,' " *Boston Globe,*September 12, 2014, https://www.bostonglobe.com/business/2014/09/11/after-epic-market-basket-bat-

tle-arthur-demoulas-happy-just-being-grocer/Iqd3AyAX6qh36fhldPOyPN/story.html.

36. Morgan McCall, correspondence with author, June 18, 2015; and M. W. McCall Jr. and M.M. Lombardo, "What makes a top executive?," *Psychology Today*, 2 (1983): 26-31.

第 4 章　無禮的高傳染力

1. N. A. Christakis and J. H. Fowler, *Connected: The Surprising Power of Our Social Networks and How They Shape Our Lives* (New York: Little, Brown,2009).

2. P. Totterdell, "Mood Scores: Mood and Performance in Professional Cricketers," *British Journal of Psychology* 90, no. 3 (1999): 317–32.

3. T. Foulk, A. Erez, and A. Woolum, "Catching Rudeness Is like Catching a Cold: The Contagion Effects of Low-Intensity Negative Behaviors," *Journal of Applied Psychology* 101, no. 1 (2016): 50–67.

4. Foulk, Erez, and Woolum, "Catching Rudeness Is like Catching a Cold," 50–67; and C. L. Porath, T. Foulk, and A. Erez, "How Incivility Hijacks Performance: It Robs Cognitive Resources, Increases Dysfunctional Behavior,and Infects Team Dynamics and Functioning," *Organizational Dynamics* 44, no. 4 (2015): 258–65.

5. M. L. Stanley et al., "Defining Nodes in Complex Brain Networks," *Frontiers in Computation Neuroscience* 7 (2013): 169, doi:10.3389/fncom.2013.00169.

6. E. F. Loftus and J. C. Palmer, "Reconstruction of Automobile Destruction: An Example of the Interaction Between Language and Memory," *Journal of Learning and Verbal Behavior* 13, no. 5 (1974): 585–89; and S. McLeod, "Loftus and Palmer," Simple Psychology website, last modified 2014, http://www.simplypsychology.org/loftus-palmer.html.

7. C. Carver et al., "Modeling: An Analysis in Terms of Category Accessibility," *Journal of Experimental Social Psychology* 19, no. 5 (1983): 403–21.

8. C. L. Porath, "No Time to Be Nice at Work," *Sunday Review, New York Times,*June 19, 2015, http://www.nytimes.com/2015/06/21/opinion/sunday/is-your-boss-mean.html?_r=0.

9. J. A. Bargh, M. Chen, and L. Burrows, "Automaticity of Social Behavior: Direct Effects of Trait Construct and Stereotype Activation on Action," *Journal of Personality and Social Psychology* 71, no. 2 (1996): 230–44.

10. E. M. Hallowell, *Worry* (New York: Random House, 1997).

11. L. W. Barsalou et al., "Social Embodiment," *Psychology of Learning and Motivation* 43 (2003): 43–92.

12. B. Hathaway, "Do the Math: Why Some People Are Jerks yet Others Are Even Nice to Strangers," *YaleNews*, January 11, 2016, http://news.yale.edu/2016/01/11/research-news-do-math-why-some-people-are-jerks-yet-others-are-even-nice-strangers; and A. Bear and D. G. Rand, "Intuition,Deliberation, and the Evolution of Cooperation," *Proceedings of the National Academy of Sciences* 113, no. 4 (2016): 936–41.

13. C. L. Porath et al., "Civility as an Enabler of Social Capital: How It Spreads—And What Limits Its Potential" (working paper, Georgetown University, Washington, DC, 2016).

14. Porath, "No Time to Be Nice at Work," http://www.nytimes.com/2015/06/21/opinion/sunday/is-your-boss-mean. html?r=0; and C. Porath and C. Pearson, "The Price of Incivility: Lack of Respect in the Workplace Hurts Morale— and the Bottom Line," *Harvard Business Review*, January–February 2013, 115–21.

第 5 章　你自己是文明人嗎？

1. B. McGill, "Toward a Civil and Sane World," BryantMcGill.com, http://bryantmcgill.com/20131201130106.html.

2. M. Goldsmith with M. Reiter, *What Got You Here Won't Get You There* (New York: Hyperion, 2007).

3. F. Gino, *Sidetracked* (Cambridge, MA: Harvard Business Review Press,2013); and S. Vozza, "The Science Behind Our Self-Defeating Behavior," *Fast Company*, January 14, 2014, http://www.fastcompany.com/3024781/leadership-now/the-science-behind-our-self-defeating-behavior.

4. A full version of this quiz is available online.

5. C. Porath, "Take the Assessment," Cycle to Civility website, http://cycletocivility.com/take-the-assessment; and C. Porath, "How Civility Matters for You and Your Network," *The Water Cooler* (blog), Google re:Work, December 7, 2015, https://rework.withgoogle.com/blog/how-civility-matters-for-you-and-your-network/.

6. Porath, "How Civility Matters for You and Your Network," https://rework.withgoogle.com/blog/how-civility-matters-for-you-and-your-network/.

7. C. Porath, "Quiz: How Toxic Is Your Work Environment?" *Sunday Review,New York Times*, June 19, 2015.

8. M. J. Poulin, E. A. Holman, and A. Buffone, "The Neurogenetics of Nice: Receptor Genes for Oxytocin and Vasopressin Interact with Threat to Predict Prosocial Behavior," *Psychological Science* 23, no. 5 (2012): 446–52,http://pss.sagepub.com/content/early/2012/03/28/0956797611428471.abstract.

9. C. Porath, "The Leadership Behavior That's Most Important to Employees," Emotional Intelligence series, *Harvard Business Review* online, May 11, 2015,https://hbr.org/2015/05/the-leadership-behavior-thats-most-important-to-employees.

10. A. Pentland, "Honest Signals: How They Shape Our World (Boston: MIT Press, 2008).; and A. Pentland, "To Signal is Human," *American Scientist* 90 (May–June2010), http://web.media.mit.edu/~sandy/2010-05Pentland.pdf.

11. A. Mehabrian, *Nonverbal Communication* (Piscataway, NJ: Aldine Transaction,2007).

12. D. Stone and S. Heen, *Thanks for the Feedback: The Science and Art of Receiving Feedback Well* (New York: Viking, 2014).

13. Stone and Heen, *Thanks for the Feedback*.

14. Stone and Heen, *Thanks for the Feedback*.

15. Stone and Heen, *Thanks for the Feedback*.

16. L. M. Roberts et al., "Composing the Reflected Best-Self Portrait: Building Pathways for Becoming Extraordinary in Work Organizations," *Academy of Management Review* 30, no. 4 (2005): 712–36; and L. M. Roberts et al.,"How to Play to Your Strengths," *Harvard Business Review*, January 2005,75–80.

17. Goldsmith with Reiter, *What Got You Here Won't Get You There*.

18. Porath, "The Leadership Behavior That's Most Important to Employees," https://hbr.org/2015/05/the-leadership-behavior-thats-most-important-to-employees.

19. Goldsmith with Reiter, *What Got You Here Won't Get You There*.

20. Porath, "The Leadership Behavior That's Most Important to Employees," https://hbr.org/2015/05/the-leadership-behavior-thats-most-important-to-employees; and C. Pearson and C. Porath, *The Cost of Bad Behavior: How Incivility Is Damaging Your Business and What to Do About It* (New York: Portfolio / Penguin Group, 2009).

21. "Empathy: What Is Empathy?" Greater Good Science Center, University of California, Berkeley, http://greatergood.berkeley.edu/topic/empathy/definition#what_is.

22. "Empathy: What Is Empathy?" http://greatergood.berkeley.edu/topic/empathy/definition#what_is.

23. "Empathy: What Is Empathy?" http://greatergood.berkeley.edu/topic/empathy/definition#what_is.

24. "Empathy: What Is Empathy?" http://greatergood.berkeley.edu/topic/empathy/definition#what_is.

25. Porath, "The Leadership Behavior That's Most Important to Employees," https://hbr.org/2015/05/the-leadership-behavior-thats-most-important-to-employees.

26. C. L. Porath, "No Time to Be Nice at Work," *Sunday Review, New York Times*, June 19, 2015, http://www.nytimes.com/2015/06/21/opinion/sunday/is-your-boss-mean.html?_r=0.

27. J. J. Ratey with E. Hagerman, *Spark: The Revolutionary New Science of Exercise and the Brain* (New York: Little, Brown, 2008).

28. S. E. Luckhaupt, S. Tak, and G. M. Calvert, "The Prevalence of Short Sleep Duration by Industry and Occupation in the National Health Interview Survey," *Sleep* 33, no. 2 (2010): 149–59.

29. S. Park et al., "Relationships of Sleep Duration with Sociodemographic and Health-Related Factors, Psychiatric Disorders and Sleep Disturbances in a Community Sample of Korean Adults," *Journal of Sleep Research* 19, no. 4 (2010): 567–77; A. R. Ravan et al., "Thirty-Six-Year Secular Trends in Sleep Duration and Sleep Satisfaction, and Associations with Mental Stress and Socioeconomic Factors—Results of the Population Study of Women in Gothenburg, Sweden," *Journal of Sleep Research* 19, no. 3 (2010): 496–503; S. Salminen et al., "Sleep Disturbances as a Predictor of Occupational Injuries Among Public Sector Workers," *Journal of Sleep Research* 19, no. 1 pt. 2 (2010): 207–13; and H. Westerlund et al., "Work-Related Sleep Disturbances and Sickness Absence in the Swedish Working Population, 1993–1999," *Sleep* 31, no. 8 (2008): 1169–77.

30. S. J. Banks et al., "Amygdala-Frontal Connectivity During Emotion Regulation," *Social Cognitive and Affective Neuroscience* 2, no. 4 (2007): 303–12; M. D. Beaumont et al., "Slow Release Caffeine and Prolonged (64-h) Continuous Wakefulness: Effects on Vigilance and Cognitive Performance," *Journal of Sleep Research* 10, no. 4 (2001): 265–76; L. Y. M. Chuah et al., "Sleep Deprivation and Interference by Emotional Distractors," *Sleep* 33, no. 10 (2010): 1305–13; J. P. Nilsson et al., "Less Effective Executive Functioning After One Night's Sleep Deprivation," *Journal of Sleep Research* 14, no. 1 (2005): 1–6; and K. N. Ochsner et al., "For

Better or for Worse: Neural Systems Supporting the Cognitive Down-and Up-Regulation of Negative Emotion," *Neuroimage* 23, no. 2 (2004): 483–99.

31. M. T. Gailliot et al., "Self-Control Relies on Glucose as a Limited Energy Source: Willpower Is More than a Metaphor," *Journal of Personality and Social Psychology* 92, no. 2 (2007): 325–36; and S. H. Fairclough and K. Houston, "A Metabolic Measure of Mental Effort," *Biological Psychology* 66,no. 2 (2004): 177–90.

32. M. Thomas et al., "Neural Basis of Alertness and Cognitive Performance Impairments During Sleepiness. I. Effects of 24 h of Sleep Deprivation on Waking Human Regional Brain Activity," *Journal of Sleep Research* 9, no. 4 (2000): 335–52.

33. N. van Dam and E. van der Helm, "The Organizational Cost of Insufficient Sleep," *McKinsey Quarterly*, February 2016, http://www.mckinsey.com/business-functions/organization/our-insights/the-organizational-cost-of-insufficient-sleep#0.

34. E. van der Helm, N. Gujar, and M. P. Walker, "Sleep Deprivation Impairs the Accurate Recognition of Human Emotions," *Sleep* 33, no. 3 (2010): 335–42; and E. van der Helm et al., "REM Sleep De-Potentiates Amygdala Activity to Previous Emotional Experiences," *Current Biology* 21, no. 23 (2011): 2029–32.

35. E. L. McGlinchey et al., "The Effect of Sleep Deprivation on Vocal Expression of Emotion in Adolescents and Adults," *Sleep* 34, no. 9 (2011): 1233–41.

36. J. A. Caldwell, J. L. Caldwell, and R. M. Schmidt, "Alertness Management Strategies for Operational Contexts," *Sleep Medicine Reviews* 12, no. 4 (2008): 257–73; M. S. Christian and A. P. J. Ellis, "Examining the Effects of Sleep Deprivation on Workplace Deviance: A Self-Regulatory Perspective," *Academy of Management Journal* 54, no. 5 (2011): 913–34; E. T. Kahn-Greene et al., "Sleep Deprivation Adversely Affects Interpersonal Responses to Frustration," *Personality and Individual Differences* 41, no. 8 (2006): 1433–43; and B. A. Scott and T. A. Judge, "Insomnia, Emotions,and Job Satisfaction: A Multilevel Study," *Journal of Management* 32, no. 5 (2006): 622–45.

37. C. Anderson and D. L. Dickinson, "Bargaining and Trust: The Effects of 36-h Total Sleep Deprivation on Socially Interactive Decisions," *Journal of Sleep Research* 19, no. 1 pt. 1 (2010): 54–63.

38. J. A. Horne, "Human Sleep, Sleep Loss, and Behavior: Implications for the Prefrontal Cortex and Psychiatric Disorder," *British Journal of Psychiatry* 162, no. 3 (1993): 413–19.

39. Christian and Ellis, "Examining the Effects of Sleep Deprivation," 913–34; and C. M.

Barnes et al., "Lack of Sleep and Unethical Behavior," *Organizational Behavior and Human Decision Processes* 115, no. 2 (2011): 169–80.

40. Barnes et al., "Sleepy First Impressions: Lack of Sleep and the Development of Leader-Follower Relationships Over Time" (working paper, Washington University, Seattle, WA, 2015).

41. C. L. Porath, "An Antidote to Incivility," *Harvard Business Review*, April 2016, 101–111.

42. F. Harburg, "Corporate Athlete Course, by the Human Performance Institute Division of Wellness and Prevention," presented at the Conference Board's Chief Environmental, Health & Safety Officers Council, May 16,2012.

43. S. Phillips, "Mindfulness: An Unexpected Antidote to Workplace Stress," *Healing Together for Couples* (blog), PsychCentral, http://blogs.psychcentral.com/healing-together/2015/08/mindfulness-an-unexpected-antidote-to-workplace-stress/.

44. D. Gelles, "The Mind Business," *Financial Times*, August 24, 2012, http://www.ft.com/cms/s/2/d9cb7940-ebea-11e1-985a-00144feab49a.html.

45. J. Hunter, "Is Mindfulness Good for Business?" *Mindful*, April 2013,52–59.

46. Gelles, "The Mind Business," http://www.ft.com/cms/s/2/d9cb7940-ebea-11e1-985a-00144feab49a.html.

第 6 章　禮貌基本訓練課

1. L. Street, "Our Examples of 'Enviable' Workplace Culture," Motley Fool Culture website, January 16, 2015, http://culture.fool.com/category/employee-growth/page/2/.

2. S. B. Sitkin and J. R. Hackman, "Developing Team Leadership: An Interview with Coach Mike Krzyzewski," *Academy of Management Learning and Education* 10, no. 3 (2011): 494–501.

3. Sitkin and Hackman, "Developing Team Leadership."

4. A. J. C. Cuddy, M. Kohut, and J. Neffinger, "Connect, Then Lead: To Exert Influence You Must Balance Competence with Warmth," *Harvard Business Review*, July–August 2013, 2–9.

5. Cuddy, Kohut, and Neffinger, "Connect, Then Lead," 2–9; and A. Cuddy,"In Debates, Watch for Signs of Warmth: Q&A with Amy Cuddy," posted by B. Lillie, TEDBlog, October 1, 2012, http://blog.ted.com/in-debates-watch-for-signs-of-warmth-qa-with-amy-cuddy/.

6. A. J. C. Cuddy, P. Glick, and A. Beninger, "The Dynamics of Warmth and Competence Judgments, and Their Outcomes in Organizations," *Research in Organizational Behavior* 31 (2011): 73–98; and Cuddy, Kohut, and Neffinger, "Connect, Then Lead," 2–9.

7. Sitkin and Hackman, "Developing Team Leadership."

8. C. Porath, A. Gerbasi, and S. Schorch, "The Effects of Civility on Advice,Leadership, and Performance," *Journal of Applied Psychology* 100, no. 5 (2015): 1527–41.

9. Cuddy, Kohut, and Neffinger, "Connect, Then Lead," 2–9.

10. Cuddy, Kohut, and Neffinger, "Connect, Then Lead," 2–9; and Cuddy, "In Debates, Watch for Signs of Warmth," http://blog.ted.com/in-debates-watch-for-signs-of-warmth-qa-with-amy-cuddy/.

11. A. Todorov, M. Pakrashi, and N. N. Oosterhof, "Evaluating Faces on Trustworthiness After Minimal Time Exposure," *Social Cognition* 27, no. 6 (2009): 813–33.

12. C. Lambert, "The Psyche on Automatic," *Harvard Magazine*, November–December 2010, http://harvardmagazine.com/2010/11/the-psyche-on-auto matic.

13. Cuddy, Kohut, and Neffinger, "Connect, Then Lead," 2–9.

14. R. M. Ryan and E. L. Deci, "Self-Determination Theory and the Facilitation of Intrinsic Motivation, Social Development, and Well-Being," *American Psychologist* 55, no. 1 (2000): 68–78; and E. L. Deci, J. P. Connell,and R. M. Ryan, "Self-Determination in a Work Organization," *Journal of Applied Psychology* 74, no. 4 (1989): 580–90.

15. M. Moieni and N. I. Eisenberger, "Neural Correlates of Social Pain," in *Social Neuroscience: Biological Approaches to Social Psychology*, ed. E. Harmon-Jones and M. Inzlicht (forthcoming, 2016); M. L. Meyer, K. D. Williams, and N. I. Eisenberger, "Why Social Pain Can Live On: Different Neural Mechanisms Are Associated with Reliving Social and Physical Pain," *PLoS One* 10, no. 6 (2015): e0128294; N. I. Eisenberger, "Meta-Analytic Evidence for the Role of the Anterior Cingulate Cortex in Social Pain," *Social Cognitive and Affective Neuroscience* 10, no. 1 (2015): 1–2 ; and N. I. isenberger, "Social Pain and the Brain: Controversies, Questions, and Where to Go from Here," *Annual Review of Psychology* 66 (2015): 601–29.

16. C. L. Porath, "Civility," in *The Oxford Handbook of Positive Organizational Scholarship*, ed. K. S. Cameron and G. M. Spreitzer (New York: Oxford University Press, 2011), 439–48; and R. M. Tobin et al., "Personality, Emotiona Experience, and Efforts to Control Emotions," *Journal of Personality and Social Psychology* 79, no. 4 (2000): 656–69.

17. R. Gutman, "The Untapped Power of Smiling," *Forbes*, March 22, 2011,http://www.forbes. com/sites/ericsavitz/2011/03/22/the-untapped-power-of-smiling/.

18. Gutman, "The Untapped Power of Smiling," http://www.forbes.com/sites/ericsav-itz/2011/03/22/the-untapped-power-of-smiling/; and "Ron Gutman: The Hidden Power of Smiling," filmed March 2011, TED video, 7:26, http://www.ted.com/talks/ron_gutman_the_hidden_power_of_smiling.html.

19. "One Smile Can Make You Feel a Million Dollars," *Scotsman*, March 4, 2005,http://www. scotsman.com/news/one-smile-can-make-you-feel-a-million -dollars-1-738272.

20. E. L. Abel and M. L. Kruger, "Smile Intensity in Photographs Predicts Longevity," *Psychological Science* 21, no. 4 (2010): 542–44.

21. U. Dimberg and S. Soderkvist, "The Voluntary Facial Action Technique: A Method to Test the Facial Feedback Hypothesis," *Journal of Nonverbal Behavior* 35, no. 1 (2011): 17–33.

22. L. Buscaglia. *Love*. (New York: Fawcett Crest, 1972).

23. A. A. Grandey et al., "Is 'Service with a Smile' Enough? Authenticity of Positive Displays During Service Encounters," *Organizational Behavior and Human Decision Processes* 96, no. 1 (2005): 38–55.

24. Gutman, "The Untapped Power of Smiling," http://www.forbes.com/sites/ericsav-itz/2011/03/22/the-untapped-power-of-smiling/.

25. Cuddy, Kohut, and Neffinger, "Connect, Then Lead," 2–9; and Cuddy, "In Debates, Watch for Signs of Warmth," http://blog.ted.com/in-debates-watch-for-signs-of-warmth-qa-with-amy-cuddy/.

26. M. Kohut, "Executive Presence: The Inner Game," Medium website,November 23, 2015, https://medium.com/@besmonte/executive-presence-the-inner-game-1f153c9f143d#. e2lan3my9; Cuddy, Kohut, and Neffinger,"Connect, Then Lead," 2–9; and Cuddy, "In Debates, Watch for Signs of Warmth," http://blog.ted.com/in-debates-watch-for-signs-of-warmth-qa-with-amy-cuddy/.

27. Cuddy, "In Debates, Watch for Signs of Warmth," http://blog.ted.com/in-debates-watch-for-signs-of-warmth-qa-with-amy-cuddy/.

28. M. Gladwell, "The Naked Face," *New Yorker*, August 5, 2002, http://gladwell.com/the-na-ked-face/.

29. V. I. Sessa and J. J. Taylor, *Executive Selection: Strategies for Success* (San Francisco: Jossey-Bass,2000).

30. T. Schwartz, "Why Appreciation Matters So Much," *Harvard Business Review* online, January 23, 2012, https://hbr.org/2012/01/why-appreciation-matters-so-mu.html.

31. L. Street, "Coffee Brews Conversation," Motley Fool Culture website,December 3, 2014, http://culture.fool.com/category/employee-growth/page/2/.

32. L. Street, "Foolientation Secrets from a Recruiter," Motley Fool Culture website, July 14, 2015, http://culture.fool.com/2015/07/jobs-foolientation-newhire-employee-orientation-onboarding-hiring/.

33. J. R. Detert and E. R. Burris, "Leadership Behavior and Employee Voice: Is the Door Really Open?" *Academy of Management Journal* 50, no. 4 (2007): 869–84.

34. K. J. Lloyd et al., "Is My Boss Really Listening to Me? The Impact of Perceived Supervisor Listening on Emotional Exhaustion, Turnover Intention,and Organizational Citizenship Behavior," *Journal of Business Ethics* 130,no. 3 (2015): 509–24.

35. S. Shellenbarger, "Tuning In: Improving Your Listening Skills," *Wall Street Journal*, July 22, 2014, http://www.wsj.com/articles/tuning-in-how-to-listen-better-1406070727.

36. Shellenbarger, "Tuning In," http://www.wsj.com/articles/tuning-in-how-to-listen-better-1406070727.

37. Shellenbarger, "Tuning In," http://www.wsj.com/articles/tuning-in-how-to-listen-better-1406070727.

38. Shellenbarger, "Tuning In," http://www.wsj.com/articles/tuning-in-how-to-listen-better-1406070727.

39. Shellenbarger, "Tuning In," http://www.wsj.com/articles/tuning-in-how-to -listen-better-1406070727; and "Julian Treasure: 5 Ways to Listen Better," filmed July 2011, TED video, 7:50, https://www.ted.com/talks/julian_treasure_5_ways_to_listen_better?language=en#t-59584.

40. Cuddy, Kohut, and Neffinger, "Connect, Then Lead," 2–9.

第 7 章　偏見使人無禮

1. E. Pique, *Pope Francis: Life and Revolution: A Biography of Jorge Bergoglio* (Chicago: Loyola Press, 2014).

2. Pique, *Pope Francis: Life and Revolution.*

3. Pique, *Pope Francis: Life and Revolution*; and R. Gillett, "The Most Influential Leadership Moments We've Seen from Pope Francis So Far," *Business Insider*, September 24, 2015.

4. J. Yardley, "A Humble Pope, Challenging the World," *New York Times*, September 18, 2015, http://nyti.ms/1KxQpIQ; and Pique, *Pope Francis: Life and Revolution*.

5. Pique, *Pope Francis: Life and Revolution*; A. Ivereigh, *The Great Reformer: Francis and the Making of a Radical Pope* (New York: Henry Holt, 2014); and Yardley, "A Humble Pope, Challenging the World," http://nyti.ms/1KxQpIQ.

6. Pique, *Pope Francis: Life and Revolution*; Ivereigh, *The Great Reformer*; and Yardley, "A Humble Pope, Challenging the World," http://nyti.ms/1KxQpIQ.

7. I. San Martin, "Pope Francis Stresses That the Year of Mercy Is Worldwide," *Crux*, December 17, 2015, http://www.cruxnow.com/church/2015/12/17/pope-francis-stresses-that-the-year-of-mercy-is-worldwide/.

8. K. Y. Williams and C. A. O'Reilly, "Demography and Diversity in Organizations: A Review of 40 Years of Research," in *Research in Organizational Behavior*, ed. B. Staw and R. Sutton, vol. 20 (Greenwich, CT: JAI Press. 1998), 77–140; and L. Ramarajan and D. Thomas, "A Positive Approach to Studying Diversity in Organizations," in *The Oxford Handbook of Positive Organizational Scholarship*, ed. G. M. Spreitzer and K. S. Cameron (New York: Oxford University Press, 2011), 552–65.

9. S. A. Hewlett, M. Marshall, and L. Sherbin, "How Diversity Can Drive Innovation," *Harvard Business Review*, December 2013, 30, https://hbr.org/2013/12/how-diversity-can-drive-innovation/ar/1.

10. "Two-Thirds of People Consider Diversity Important When Deciding Where to Work, Glassdoor Survey," press release, Glassdoor, November 17, 2014,http://www.glassdoor.com/press/twothirds-people-diversity-important -deciding-work-glassdoor-survey-2.

11. C. Staats, K. Capatosto, R. A. Wright, and D. Contractor. "State of the Science: Implicit Bias Review 2015," Kirwan Institute for the Study of Race and Ethnicity (2015).

12. M. Zimmermann, "Neurophysiology of Sensory Systems," in *Fundamentals of Sensory Physiology*, ed. R. F. Schmidt (Berlin: Springer Berlin Heidelberg,1986), 68–116.

13. B. Welle, "Google's Unconscious Bias Journey," online video, *Unbiasing* guide, Google re:Work, https://rework.withgoogle.com/guides/unbiasing-raise-awareness/steps/learn-about-googles-unbiasing-journey/.

14. A. J. C. Cuddy, S. T. Fiske, and P. Glick, "The BIAS map: Behaviors from Intergroup Affect

and Stereotypes," *Journal of Personality and Social Psychology* 92, no. 4 (2007): 631–48.

15. Ramarajan and Thomas, "A Positive Approach to Studying Diversity in Organizations," 552–65.

16. L. Jampol and V. Zayas, "The Dark Side of White Lies in the Workplace: Women are Given Nicer but Less Accurate Performance Feedback than Men" (working paper, London Business School, London, under review).

17. Jampol and Zayas, "The Dark Side of White Lies."

18. Welle, "Google's Unconscious Bias Journey," https://rework.withgoogle.com/guides/unbiasing-raise-awareness/steps/learn-about-googles-unbiasing-journey/.

19. E. Huet, "Rise of the Bias Busters: How Unconscious Bias Became Silicon Valley's Newest Target," *Forbes*, November 2, 2015, http://www.forbes.com/sites/ellenhuet/2015/11/02/rise-of-the-bias-busters-how-unconscious-bias-became-silicon-valleys-newest-target/#c1d-c63a7cb1f.

20. J. J. van Bavel and W. A. Cunningham, "A Social Identity Approach to Person Memory: Group Membership, Collective Identification, and Social Role Shape Attention and Memory," *Personality and Social Psychological Bulletin* 38, no. 12 (2012): 1566–78.

21. J. van Bavel, "Racial Biases Fade Away Toward Members of Your Own Group," *Research News*, Ohio State University, March 23, 2009, http://researchnews.osu.edu/archive/racebias.htm.

22. M. R. Banaji, M. H. Bazerman, and D. Chugh, "How (Un)ethical Are Your Decisions?" *Harvard Business Review*, December 2003, 56–64.

23. Banaji, Bazerman, and Chugh, "How (Un)ethical Are Your Decisions?" 56–64.

24. T. Clark and W. McGarvey, "Guest Commentary: Coming Together to Denounce Both Terror and Discrimination Against Muslims," Opinion,*East Bay Times* (Bay Area News Group), January 1, 2016, http://www.eastbaytimes.com/opinion/ci_29326586/guest-commentary-coming-together-denounce-both-terror-and.

25. J. P. Wanous and M. A. Youtz, "Solution Diversity and the Quality of Group Decisions," *Academy of Management Journal* 29, no. 1 (1986): 149–59.

26. Google was involved with the release of this information.

27. Welle, "Google's Unconscious Bias Journey," https://rework.withgoogle.com/guides/unbiasing-raise-awareness/steps/learn-about-googles-unbiasing-journey/.

28. Welle, "Google's Unconscious Bias Journey," https://rework.withgoogle.com/guides/unbiasing-raise-awareness/steps/learn-about-googles-unbiasing-journey/.

29. A. W. Brooks et al., "Investors Prefer Entrepreneurial Ventures Pitched by Attractive Men," *Proceedings of the National Academy of Sciences* 111, no. 12 (2014): 4427–31.

30. Welle, "Google's Unconscious Bias Journey," https://rework.withgoogle.com/guides/unbiasing-raise-awareness/steps/learn-about-googles-unbiasing-journey/.

31. R. F. Martell, D. M. Lane, and C. Emrich, "Male–Female Differences: A Computer Simulation," *American Psychologist* 51, no. 2 (1996): 157–59.

32. Welle, "Google's Unconscious Bias Journey," https://rework.withgoogle.com/guides/unbiasing-raise-awareness/steps/learn-about-googles-unbiasing-journey/.

33. Welle, "Google's Unconscious Bias Journey," https://rework.withgoogle.com/guides/unbiasing-raise-awareness/steps/learn-about-googles-unbiasing-journey/.

34. B. Welle, "Unconscious Bias @ Work," online video, *Unbiasing* guide, Google re:Work, https://rework.withgoogle.com/guides/unbiasing-raise-awareness/steps/watch-unconscious-bias-at-work/.

35. "Learn About Google's Workshop Experiment," *Unbiasing* guide, Google re:Work, https://rework.withgoogle.com/guides/unbiasing-raise-awareness/steps/learn-about-Googles-workshop-experiment/.

36. Welle, "Google's Unconscious Bias Journey," https://rework.withgoogle.com/guides/unbiasing-raise-awareness/steps/learn-about-googles-unbiasing-journey/.

37. "Tool: Use Unbiasing Checklists," *Unbiasing* guide, Google re:Work, https://rework.withgoogle.com/guides/unbiasing-use-structure-and-criteria/steps/use-unbiasing-checklists/.

38. "Tool: Use Unbiasing Checklists," https://rework.withgoogle.com/guides /unbiasing-use-structure-and-criteria/steps/use-unbiasing-checklists/.

第 8 章　給予為什麼值得？

1. A. M. Grant, *Give and Take: A Revolutionary Approach to Success* (New York: Viking Press, 2013).

2. Grant, *Give and Take*.

3. C. Porath et al., "How Giving Meaning to Others Fuels Performance at Work" (working paper, Georgetown University, Washington, DC, 2016).

4. R. Cross, R. Rebele, and A. Grant, "Collaborative Overload," *Harvard Business Review*,

January–February 2016.

5. Cross, Rebele, and Grant, "Collaborative Overload."

6. Cross, Rebele, and Grant, "Collaborative Overload."

7. Cross, Rebele, and Grant, "Collaborative Overload."

8. Cross, Rebele, and Grant, "Collaborative Overload."

9. Warren Bennis, meeting with author, July 31, 2012.

10. B. P. Owens, M. D. Johnson, and T. R. Mitchell, "Expressed Humility in Organizations: Implications for Performance, Teams, and Leadership," *Organization Science* 24, no. 5 (2013): 1517–38.

11. Owens, Johnson, and Mitchell, "Expressed Humility in Organizations," 1517–38.

12. H. Zhang, *How Do I Recognize Thee, Let Me Count the Ways* (Thought Leadership Whitepaper, IBM Smarter Workforce Institute, 2015), http://www-01.ibm.com/common/ssi/cgi-bin/ssialias?subtype=WH&infotype=SA&htmlfid=LOW14298USEN&attachment=LOW-14298USEN.PDF.

13. T. Amabile and S. Kramer, *The Progress Principle: Using Small Wins to Ignite Joy, Engagement, and Creativity at Work* (Boston: Harvard Business Review Press, 2011).

14. W. Baker, "Openbook Finance at Zingerman's," GlobaLens Case 1-429-091,October 2010.

15. Baker, "Openbook Finance at Zingerman's."

16. T. Schwartz, J. Gomes, and C. McCarthy, *Be Excellent at Anything: The Four Keys to Transforming the Way We Work and Live* (New York: Free Press,2010).

17. J. A. Smith, "Five Ways to Cultivate Gratitude at Work," Greater Good Science Center, University of California, Berkeley, May 16, 2013, http://greatergood.berkeley.edu/article/item/five_ways_to_cultivate_gratitude_at_work; and J. Kaplan, "The Gratitude Survey," produced by Penn Schoen Berland for the John Templeton Foundation, June–October 2012.

18. A. M. Grant and F. Gino, "A Little Thanks Goes a Long Way: Explaining Why Gratitude Expressions Motivate Prosocial Behavior," *Journal of Personality and Social Psychology* 98, no. 6 (2010): 946–55.

19. Grant and Gino, "A Little Thanks Goes a Long Way," 946–55; and A. Grant,"How to Succeed Professionally by Helping Others," *Atlantic*, March 17, 2014,http://www.theatlantic.com/health/archive/2014/03/how-to-succeed-professionally-by-helping-others/284429/.

20. S. Lyubomirsky, K. M. Sheldon, and D. Schkade, "Pursuing Happiness: The Architecture of Sustainable Change," *Review of General Psychology* 9,no. 2 (2005): 111–31; M. E.

McCullough, J.-A. Tsang, and R. A. Emmons,"Gratitude in Intermediate Affective Terrain: Links of Grateful Moods to Individual Differences and Daily Emotional Experience," *Journal of Personality and Social Psychology* 86, no. 2 (2004): 295–309; R. A. Emmons and M. E. McCullough, "Counting Blessings Versus Burdens: An Experimental Investigation of Gratitude and Subjective Well-Being in Daily Life," *Journal of Personality and Social Psychology* 84, no. 2 (2003): 377–89; M. E. Seligman et al., "Positive Psychology Progress: Empirical Validation of Interventions," *American Psychologist* 60, no. 5 (2005): 410–21; and R. A. Emmons and M. E. McCullough, ed., *The Psychology of Gratitude* (New York: Oxford University Press, 2004).

21. Kaplan, "The Gratitude Survey."

22. R. Emmons, "How Gratitude Can Help You Through Hard Times," Greater Good Science Center, University of California, Berkeley, May 13, 2013,http://greatergood.berkeley.edu/article/item/how_gratitude_can_help_you_through_hard_times; and McCullough, Tsang, and Emmons, "Gratitude in Intermediate Affective Terrain," 295–309; Emmons and McCullough, "Counting Blessings Versus Burdens," 377–89; and Emmons and McCullough, *The Psychology of Gratitude.*

23. G. Spreitzer and C. Porath, "Creating Sustainable Performance: Four Ways to Help Your Employees—And Organization—Thrive," *Harvard Business Review*, January–February 2012, 92–99; G. Spreitzer and C. Porath, "Enabling Thriving at Work," in *How to Be a Positive Leader Small Actions, Big Impact*, ed. J. E. Dutton and G. M. Spreitzer (San Francisco: Berrett-Koehler,2014), 45–54; and Baker, "Openbook Finance at ingerman's."

24. Spreitzer and Porath, "Creating Sustainable Performance," 92–99.

25. M. Losada, "The Complex Dynamics of High Performance Teams," *Mathematical and Computer Modelling* 30, nos. 9–10 (1999): 179–192; and M. Losada and E. Heaphy, "The Role of Positivity and Connectivity in the Performance of Business Teams: A Nonlinear Dynamics Model," *American Behavioral Scientist* 47, no. 6 (2004): 740–65.

26. Gallup, *State of the American Workplace: Employee Engagement Insights for U.S. Business Leaders* (Lincoln, NE: Gallup, 2012).

27. D. Goleman and R. E. Boyatzis, "Social Intelligence and the Biology of Leadership," *Harvard Business Review*, September 2008.

28. Goleman and Boyatzis, "Social Intelligence and the Biology of Leadership."

29. C. Niessen, S. Sonnentag, and F. Sach, "Thriving at Work—A Diary Study," *Journal of Orga-*

nizational Behavior 33, no. 4 (2012): 468–87.

30. D. R. May, R. L. Gilson, and L. M. Harter, "The Psychological Conditions of Meaningfulness, Safety, and Availability and the Engagement of the Human Spirit at Work," *Journal of Occupational and Organizational Psychology* 77, no. 1 (2004): 11–37.

31. C. Leufstadius et al., "Meaningfulness in Daily Occupations Among Individuals with Persistent Mental Illness," *Journal of Occupational Science* 15,no. 1 (2008): 27–35; G. M. Spreitzer, M. A. Kizilos, and S. W. Nason, "A Dimensional Analysis of the Relationship Between Psychological Empowerment and Effectiveness, Satisfaction, and Strain," *Journal of Management* 23,no. 5 (1997): 679–704; and P. E. McKnight and T. B. Kashdan, "Purpose in Life as a System That Creates and Sustains Health and Well-Being: An Integrative, Testable Theory," *Review of General Psychology* 13, no. 3 (2009): 242–51.

32. C. Porath et al., "How Giving Meaning to Others Fuels Performance at Work" (working paper, Georgetown University, Washington, DC, 2016).

33. A. M. Grant, "How Customers Can Rally Your Troops: End Users Can nergize Your Workforce Far Better than Your Managers Can," *Harvard Business Review*, June 2011, 97–103; and A. M. Grant, "Outsourcing Inspiration," in *How to Be a Positive Leader: Small Actions, Big Impact*, ed. J. E. Dutton and G. M. Spreitzer (San Francisco: Berrett-Koehler,2014), 22–31.

34. "Our Mission," My Saint My Hero website, https://mysaintmyhero.com/our-mission/.

35. "Our Mission: Helping the World Invest—Better," Motley Fool website,http://www.fool.com/press/about-the-motley-fool.aspx.

36. D. Conant and M. Norgaard, *TouchPoints: Creating Powerful Leadership Connections in the Smallest of Moments* (San Francisco: Jossey-Bass,2011); and D. Conant, https://www.bigspeak.com/speakers/douglas-conant/.

37. Conant and Norgaard, *TouchPoints*; and D. Conant, https://www.bigspeak.com/speakers/douglas-conant/.

38. Conant and Norgaard, *TouchPoints*; and D. Conant, https://www.bigspeak.com/speakers/douglas-conant/.

39. Conant and Norgaard, *TouchPoints*; and D. Conant, https://www.bigspeak.com/speakers/douglas-conant/.

40. Conant and Norgaard, *TouchPoints*; and D. Conant, https://www.bigspeak.com/speakers/douglas-conant/.

41. Conant and Norgaard, *TouchPoints*; and D. R. Conant, "Secrets of Positive Feedback,"

Harvard Business Review online, February 16, 2011, https://hbr.org/2011/02/secrets-of-positive-feedback/.

第 9 章　數位禮儀之道

1. E. Wong, "A Stinging Office Memo Boomerangs; Chief Executive Is Criticized After Upbraiding Workers by E-Mail," *Business Day*, *New York Times*,April 5, 2001, http://www.nytimes.com/2001/04/05/business/stinging-office-memo-boomerangs-chief-executive-criticized-after-upbraiding.html?pagewanted=all; and "Cerner Example," *BizCom in the News* (blog),http://www.bizcominthenews.com/files/cerner-1.pdf.

2. H. Osman, *Don't Reply All: 18 Email Tactics That Help You Write Better Emails and Improve Communication with Your Team*, Kindle Locations 152–155 (published by author, 2015); and D. Shipley and W. Schwalbe,*Send: Why People Email So Badly and How to Do It Better* (New York: Alfred A. Knopf, 2010).

3. A. Grant, "6 Ways to Get Me to Email You Back," Pulse post, LinkedIn,June 24, 2013.

4. Grant, "6 Ways to Get Me to Email You Back."

5. T. Weiss, "You've Got Mail: You're Fired," *Forbes*, August, 31, 2006, http://www.forbes.com/2006/08/31/leadership-radio-shack-management-cx_tw_0831layoffs.html.

6. C. L. Porath, "No Time to Be Nice at Work," *Sunday Review*, *New York Times*, June 19, 2015, http://www.nytimes.com/2015/06/21/opinion/sunday/is-your-boss-mean.html?_r=0.

7. F. Kooti et al., "Evolution of Conversations in the Age of Email Overload," International World Wide Web Conference Committee, May 18–22,2015, Florence, Italy. http://www-scf.usc.edu/~kooti/files/kooti_email.pdf; and J. Beck, "How Quickly Will Your Email Get A Response?," *The Atlantic*, October 7, 2015. http://www.theatlantic.com/technology/archive/2015/10/how-quickly-will-your-email-get-a-response/409429/.

8. L. Evans, "You Aren't Imagining It: Email Is Making You More Stressed Out," *Fast Company*, September 24, 2014, http://www.fastcompany.com/3036061/the-future-of-work/you-arent-imagining-it-email-is-making-you-more-stressed-out.

9. Evans, "You Aren't Imagining It," http://www.fastcompany.com/3036061/the-future-of-work/you-arent-imagining-it-email-is-making-you-more-stressed-out.

10. K. Kushlev and E. W. Dunn, "Checking Email Less Frequently Reduces Stress," *Computers*

in Human Behavior 43 (2015): 220–28.

11. *Civility in America 2014*, survey, conducted by Weber Shandwick, Powell Tate, and KRC Research, http://www.webershandwick.com/uploads/news/files/civility-in-america-2014.pdf.

12. J. Lin, "Doing Something About the 'Impossible Problem' of Abuse in Online Games," *Re/code*, July 7, 2015, http://on.recode.net/1G3iUHt.; and B. Maher, "Can a Video Game Company Tame Toxic Behavior?," *Nature*, March 30, 2016.

13. Lin, "Doing Something About the 'Impossible Problem,' " http://on.recode.net/1G3iUHt.

14. B. Maher, "Can a Video Game Company Tame Toxic Behavior?," *Nature*, March 30, 2016.

15. Maher, "Can a Video Game Company Tame Toxic Behavior?," *Nature*, March 30, 2016.

16. Lin, "Doing Something About the 'Impossible Problem,' " http://on.recode.net/1G3iUHt.

17. Lin, "Doing Something About the 'Impossible Problem,' " http://on.recode.net/1G3iUHt.

18. Maher, "Can a Video Game Company Tame Toxic Behavior?," *Nature*, March 30, 2016.

19. Lin, "Doing Something About the 'Impossible Problem,' " http://on.recode.net/1G3iUHt.

20. Lin, "Doing Something About the 'Impossible Problem,' " http://on.recode.net/1G3iUHt.

21. Lin, "Doing Something About the 'Impossible Problem,' " http://on.recode.net/1G3iUHt.

22. Maher, "Can a Video Game Company Tame Toxic Behavior?," *Nature*, March 30, 2016.

第 10 章　如何招聘到文明人？

1. J. Wooden and S. Jamison, *Wooden on Leadership* (New York: McGraw-Hill, 2005).

2. Wooden and Jamison, *Wooden on Leadership*.

3. "Leadership Lessons from UCLA's John Wooden," *Business Week*, May 20, 2009, http://www.businessweek.com/managing/content/may2009/ca20090520_806471.htm.

4. Wooden and Jamison, *Wooden on Leadership*.

5. Wooden and Jamison, *Wooden on Leadership*.

6. M. Housman, and D. Minor, "Toxic Workers," (working paper 16-057, Harvard University, Boston, MA, 2015), http://www.hbs.edu/faculty/Publication%20Fi les /16-057_d45c0b4f-fa19-49de-8f1b-4b12fe054fea.pdf.; and D. Minor, "Just How Toxic Are Toxic Employees?" *The Water Cooler* (blog), Google, re:Work, January 20, 2016, https://rework.withgoogle.com/blog/how-toxic-are-toxic-employees/; and N. Tores, "It's Better to Avoid a Toxic Employee than Hire a Superstar," *Harvard Business Review* online, December 9, 2015,

https://hbr.org/2015/12/its-better-to-avoid-a-toxic-employee-than-hire-a-superstar.

7. C. Porath and A. Gerbasi, "Does Civility Pay?" *Organizational Dynamics* 44, no. 4 (2015): 281–86,http://www.sciencedirect.com/science/article/pii/S0090261615000595; and A. Parker, A. Gerbasi, and C. L. Porath,"The Effects of De-Energizing Ties in Organizations and How to Manage Them," *Organizational Dynamics* 42, no. 2 (2013): 110–18.

8. T. Macan, "The Employment Interview: A Review of Current Studies and Directions for Future Research," *Human Resource Management Review* 19 (2009): 203–18,http://mavweb. mnsu.edu/howard/The%20employment%20interview.pdf.

9. B. Taylor, "Why Amazon Is Copying Zappos and Paying Employees to Quit," *Harvard Business Review* online, April 14, 2014, https://hbr.org/2014/04/why-amazon-is-copying-zappos-and-paying-employees-to-quit/.

10. Jay Moldenhauer-Salazar,telephone interview with author, May 26,2016; and "Riot Games: Assessing Toxicity in the Work Environment," Google re:Work, https://rework.withgoogle. com/case-studies/riot-games-assessing-toxicity/.

11. Jay Moldenhauer-Salazar,telephone interview with author, May 26,2016; and "Riot Games: Assessing Toxicity in the Work Environment," Google re:Work, https://rework.withgoogle. com/case-studies/riot-games-assessing-toxicity/.

12. Jay Moldenhauer-Salazar,telephone interview with author, May 26,2016; and "Riot Games: Assessing Toxicity in the Work Environment," Google re:Work, https://rework.withgoogle. com/case-studies/riot-games-assessing-toxicity/.

13. S. Davis, *Wooden: A Coach's Life* (New York: Time Books / Henry Holt,2014).

14. "Make Interviewing Everyone's Job," *Hiring* guide, Google e:Work,https://rework.withgoo-gle.com/guides/hiring-train-your-interviewers/steps/make-interviewing-everyones-job/.

15. A. Deutschman, "Inside the Mind of Jeff Bezos," *Fast Company*, August 1,2004, http:// www.fastcompany.com/50661/inside-mind-jeff-bezos.

第 11 章　提供指導，取得共識

1. Davis, *Wooden: A Coach's Life*.; and Wooden and Jamison, *Wooden on Leadership*.

2. Southwest Airlines website, https://www.southwest.com/html/about-southwest/index. html?int=.

3. Dignity Health website, http://www.dignityhealth.org/cm/content/pages/history-and-mission.asp.

4. Starbucks website, http://www.starbucks.com/about-us/company-information/mission-statement.

5. Starbucks website, http://www.starbucks.com/about-us/company-information/mission-statement.

6. A. Roenigk, "Lotus pose on two," *ESPN*, August 21, 2013, http://espn.go.com/nfl/story/_/id/9581925/seattle-seahawks-use-unusual-techniques-practice-espn-magazine.

7. Roenigk, "Lotus pose on two," *ESPN*.

8. M. Moriarty, "Coach Pete Carroll's No.1 rule makes sense in the workplace,too," *Pudget Sound Business Journal*, August 4, 2014, http://www.bizjournals.com/seattle/blog/2014/07/coach-pete-carrolls-no-1-rule-makes-sense-in-the.html.

9. I say this even though I am aware of discriminatory lawsuits against Chick-fil-A. Information on this history of this can be found at: http://www.forbes.com/forbes/2007/0723/080.html and http://www.examiner.com/article /report-chick-fil-a-sued-19-times-for-discriminating -against-minority-groups. Information on some related settlements can be found at http://www.businessinsurance.com/article/20140606/NEWS07/140609862.

10. M. A. Vu, "Chick-fil-A CEO: Jesus Teachings Helped Increase Sales," *Christian Post*, April 17, 2011, http://www.christianpost.com/news/chick-fil-a-ceo-jesus-teachings-helped-increase-sales-49867/.

11. T. Starnes, "Chick-fil-A Gives Free Food to Motorists Stranded in Southern Snowstorm," Opinion, FoxNews.com, January 29, 2014, http://www.foxnews.com/opinion/2014/01/29/chick-fil-gives-free-food-to-motorists-stranded-in-southern-snowstorm.html.

12. S. Clarke, "A Franchisee Gives Needy Man Free Meal, His Own Gloves," ABC News online, January 13, 2015, http://abcnews.go.com/US/chick-fil-franchisee-needy-man-free-meal-gloves/story?id=28182111.

13. J. Guynes, "Chick-fil-A Delivers Food on Sunday to Tornado Responders and Victims," *Insider* (blog), FoxNews.com, December 28, 2015, http://insider.foxnews.com/2015/12/28/chick-fil-broke-its-closed-sundays-rule-help-after-texas-tornado.

14. "Accolades," Chick-fil-Awebsite, http://inside.chick-fil-a.com/accolades/.

15. S. B. Sitkin and J. R. Hackman, "Developing Team Leadership: An Interview with Coach Mike Krzyzewski," *Academy of Management Learning and Education* 10, no. 3 (2011): 494–501.

16. K. Haman, " 'One Firm' Approach Treats Colleagues Like Clients," *Orange County Business Journal*, July 27, 2015; and "2015 Best Places to Work in Orange County," *Best Places to Work*, http://bestplacestoworkoc.com/index.php?option=com_content&task=view&id=65.

17. C. L. Porath and C. M. Pearson, 2010. "The Cost of Bad Behavior." *Organizational Dynamics*, 39 (2010): 64–71.

18. Tim Tassopoulos, telephone interview with author, March 3, 2016.

19. G. Spreitzer and C. Porath, "Creating Sustainable Performance," *Harvard Business Review*, 90 (1-2) (2012): 92-99.

第 12 章　定期評量，找出痛點

1. C. Pearson and C. Porath, *The Cost of Bad Behavior: How Incivility Is Damaging Your Business and What to Do About It* (New York: Portfolio / Penguin Group, 2009).

2. L. Bock, *Work Rules: Insights from Inside Google That Will Transform How You Live and Lead* (New York: Twelve, 2015).

3. J. Wooden and S. Jamison, *Wooden on Leadership* (New York: McGraw-Hill,2005).

4. G. Hamel with S. Spence, "Innovation Democracy: W. L. Gore's Original Management Model," Management Innovation eXchange website, September 23, 2010, http://www.managementexchange.com/story/innovation-democracy-wl-gores-original-management-model.

5. Hamel with Spence, "Innovation Democracy."

6. "Teri Kelly and Panel," YouTube video, filmed at the Center for Effective Organizations' Corporate Stewardship Conference at the University of Southern California, Los Angeles, CA, February 20, 2014, 1:26:11, posted by Ctr4EffectiveOrgs March 17, 2014, https://www.youtube.com/watch?v=YCtyFlRCxZ8&feature=youtube.

7. Hamel with Spence, "Innovation Democracy"; and G. Hamel, "W. L. Gore: Lessons from a Management Revolutionary, Part 2," *Gary Hamel's Management 2.0* (blog), *Wall Street Journal*, April, 2, 2010, http://blogs.wsj.com/management/2010/04/02/wl-gore-lessons-from-a-management-revolutionary-part-2/.

8. Hamel, "W. L. Gore, Part 2," http://blogs.wsj.com/management/2010/04/02/wl-gore-lessons-from-a-management-revolutionary-part-2/.

9. "McIntire Professor and Renowned Networks Expert Rob Cross Discusses 'Collaborative Overload' Work Featured on Cover of Harvard Business Review," University of Virginia McIntire School of Commerce website, January 8, 2016.

10. R. Cross, R. Rebele, and A. Grant, "Collaborative Overload," *Harvard Business Review*, January–February 2016.

11. N. Li et al., "Achieving More with Less: Extra Milers' Behavioral Influences in Teams," *Journal of Applied Psychology* 100, no. 4 (2015): 1025–39.

12. Cross, Rebele, and Grant, "Collaborative Overload."

13. "McIntire Professor and Renowned Networks Expert Rob Cross Discusses 'Collaborative Overload' Work Featured on Cover of Harvard Business Review," University of Virginia McIntire School of Commerce website, January 8, 2016.

14. Cross, Rebele, and Grant, "Collaborative Overload."

15. A. Parker, A. Gerbasi, and C. L. Porath, "The Effects of De-Energizing Ties in Organizations and How to Manage Them," *Organizational Dynamics* 42, no. 2 (2013): 110–18; and A. Gerbasi et al., "Destructive De-Energizing Relationships: How Thriving Buffers Their Effect on Performance," *Journal of Applied Psychology* 100, no. 5 (2015): 1423–33.

16. Parker, Gerbasi, and Porath, "The Effects of De-Energizing Ties in Organizations," 110–18.

17. Parker, Gerbasi, and Porath, "The Effects of De-Energizing Ties in Organizations," 110–18.

18. Parker, Gerbasi, and Porath, "The Effects of De-Energizing Ties in Organizations," 110–18.

19. Parker, Gerbasi, and Porath, "The Effects of De-Energizing Ties in Organizations," 110–18.

20. A. Bryant, "Google's Quest to Build a Better Boss," Business Day, *New York Times*, March 12, 2011, http://www.nytimes.com/2011/03/13/business/13hire.html.

21. Bock, *Work Rules*.

22. Bock, *Work Rules*.

23. L. Street, "Rewarding Your Employees: Try This New Method," Motley Fool Culture website, July 21, 2014, http://culture.fool.com/2014/07/employee-engagement-rewards/.

第 13 章　充分實踐你的文明觀念

1. "The Wizard's Wisdom: 'Woodenisms,'" *ESPN*, June 4, 2010, http://espn.go.com/mens-college-basketball/news/story?id=5249709.

2. M. Goldsmith and M. Reiter, *Triggers: Creating Behavior That Lasts—Becoming the Person You Want to Be* (New York: Crown Business, 2015).

3. M. Goldsmith with M. Reiter, *What Got You Here Won't Get You There* (New York: Hyperion, 2007), 29.

4. R. B. Cialdini, *Influence: The Psychology of Persuasion, Revised Edition* (New York: Harper Business, 2006).

5. Goldsmith with Reiter, *What Got You Here Won't Get You There.*

6. Goldsmith with Reiter, *What Got You Here Won't Get You There.*

7. Goldsmith with Reiter, *What Got You Here Won't Get You There.*

8. Goldsmith with Reiter, *What Got You Here Won't Get You There.*

9. T. Amabile and S. Kramer, *The Progress Principle: Using Small Wins to Ignite Joy, Engagement, and Creativity at Work* (Boston: Harvard Business Review Press, 2011).

10. Goldsmith with Reiter, *What Got You Here Won't Get You There.*

11. D. Meyer, *Setting the Table: The Transforming Power of Hospitality in Business* (New York: HarperCollins, 2007).

12. R. I. Sutton, *Good Boss, Bad Boss: How to Be the Best . . . and Learn from the Worst* (New York: Business Plus, 2010).

13. J. I. Jenkins, "Persuasion as the Cure for Incivility," Commentary, *Wall Street Journal,* January 8, 2013, http://online.wsj.com/news/articles/SB100 01424127887323339704578173860563117812.

第 14 章　不文明毒害的解方

1. A. Caspi et al., "Influence of Life Stress on Depression: Moderation by a Polymorphism in the 5-HTT Gene," *Science* 301, no. 5621 (2003): 386–89.

2. Caspi et al., "Influence of Life Stress on Depression," 386–89.

3. C. Pearson and C. Porath, *The Cost of Bad Behavior: How Incivility Is Damaging Your Business and What to Do About It* (New York: Portfolio / Penguin Group, 2009).

4. M. E. P. Seligman, *Helplessness: On Depression, Development, and Death* (San Francisco: W. H. Freeman, 1975); D. S. Hiroto, "Locus of Control and Learned Helplessness," *Journal of Experimental Psychology* 102, no. 2 (1974): 187–93; D. S. Hiroto and M. E. Seligman, "Gen-

erality of Learned Helplessness in Man," *Journal of Personality and Social Psychology* 31, no. 2 (1975): 311–27; and L. A. Engberg et al., "Acquisition of Key-Pecking via Autoshaping as a Function of Prior Experience: 'Learned Laziness?' " *Science* 178, no. 4064 (1972): 1002–4.

5. R. J. Davidson and S. Begley, *The Emotional Life of Your Brain: How Its Unique Patterns Affect the Way You Think, Feel, and Live—And How You Can Change Them* (New York: Hudson Street Press, 2012).

6. Davidson and Begley, *The Emotional Life of Your Brain.*

7. Davidson and Begley, *The Emotional Life of Your Brain.*

8. Davidson and Begley, *The Emotional Life of Your Brain.*

9. G. Spreitzer and C. L. Porath, "Creating Sustainable Performance: Four Ways to Help Your Employees—And Organization—Thrive," *Harvard Business Review*, January–February 2012, 92–99.

10. C. L. Porath, "An Antidote to Incivility," *Harvard Business Review*, April 2016, 108–111.

11. Porath, "An Antidote to Incivility."

12. S. Lyubomirsky, K. M. Sheldon, and D. Schkade, "Pursuing Happiness: The Architecture of Sustainable Change," *Review of General Psychology* 9, no. 2 (2005): 111–31; and M. Seligman, *Flourish: A Visionary New Understanding of Happiness and Well-Being* (New York: Atria Books,2012).

13. Porath, "An Antidote to Incivility."

14. T. Amabile and S. Kramer, *The Progress Principle: Using Small Wins to Ignite Joy, Engagement, and Creativity at Work* (Boston: Harvard Business Review Press, 2011).

15. Porath, "An Antidote to Incivility."

16. Porath, "An Antidote to Incivility."

17. S. Toker and M. Biron, "Job Burnout and Depression: Unraveling Their Temporal Relationship and Considering the Role of Physical Activity," *Journal of Applied Psychology* 97, no. 3 (2012): 699–710.

18. L. Blue, "Is Exercise the Best Drug for Depression?" *Time*, June 19, 2010,http://content.time.com/time/health/article/0,8599,1998021,00.html.

19. C. L. Porath, "Civility" (working paper, Georgetown University, Washington,DC, 2016).

20. Center for Positive Organizations, "Job Crafting Exercise," online video,1:32, Ross School of Business, University of Michigan, http://positiveorgs.bus.umich.edu/cpo-tools/job-crafting-exercise/.

21. A. Wrzesniewski, "Engage in Job Crafting," in *How to Be a Positive Leader: Small Actions, Big Impact*, ed. J. E. Dutton and G. M. Spreitzer (San Francisco: Berrett-Koehler,2014), 11–21.
22. A. Parker, A. Gerbasi, and C. L. Porath, "The Effects of De-Energizing Ties in Organizations and How to Manage Them," Organizational Dynamics 42, no. 2 (2013): 110–18.
23. Porath, "An Antidote to Incivility."

總結

1. "Jordan Spieth Captures Green Jacket," ESPN video, 4:20, posted July 6,2015, http://espn.go.com/video/clip?id=12676338.
2. "Jordan Spieth Captures Green Jacket," http://espn.go.com/video/clip?id=12676338.
3. N. Gulbis, "The Bond Between Players and Caddies Unlike Anything Else in Golf, or Life," *Golf*, March 10, 2016, http://www.golf.com/tour-and-news/natalie-gulbis-bond-between-players-caddies-unlike-anything-else-golf.
4. S. Petite, "Even in Defeat, Jordan Spieth Wins," *HuffPost Sports*, July 21, 2015, http://www.huffingtonpost.com/steven-petite/even-in-defeat-jordan-spi_b_7845210.html.
5. K. Van Valkenburg, "Jordan Spieth Gracious in Defeat at PGA," ESPN online, August 17, 2015, http://espn.go.com/golf/pgachampionship15/story/_/id/13444877/jordan-spieth-gracious-defeat-jason-day-pga-championship.
6. T. Dahlberg, "Column: A Special Win for a Special Player at the Masters,"*WTOP*, April 12, 2015 http://wtop.com/golf/2015/04/column-a-special-win-for-a-special-player-at-the-masters/.

推薦資源

提升工作效率

• 參考Google的 re:Work網站：https://g.co/rework

打擊無意識偏見

• Google re:Work網站，The Water Cooler部落格，〈員工與管理者如何打擊無意識偏見〉（*How Employees and Managers Can Combat Unconscious Bias*），維羅妮卡・吉雷恩（Veronica Gilrane）撰，https://rework.withgoogle.com/blog/employees-and-managers-can-combat-unconscious-bias/

估算無禮言行的代價

•《惡劣行為的代價》（*The Cost of Bad Behavior*），克莉斯汀・皮爾遜（Christine Pearson）與克莉斯汀・波拉斯合著——請見第3章內容

自我指導、指導他人、改善行為

- 《練習改變》（*Triggers*），馬歇・葛史密斯與馬克・瑞特（Mark Reiter）合著
- 《UP 學》，馬歇・葛史密斯與馬克・瑞特合著

有效管理精力

- 人類表現機構（Human Performance Institute）網站（https://www.jjhpi.com/）、精力專案（Energy Project）網站（http://theenergyproject.com/）
- 《成功的第三種維度》（*Thrive*），雅莉安娜・哈芬頓（Arianna Huffington）著
- 《生命的節奏》（*Rhythm of Life*），馬修・凱利（Matthew Kelly）著
- 《能量全開》（*The Power of Full Ergagement*），吉姆・羅爾（Jim Loehr）與東尼・史瓦茲（Tony Schwartz）合著
- 《你的生活，只能這樣嗎？》（*Eat, Move, Sleep*），湯姆・拉斯（Tom Rath）著

打造付出的文化

- 《給予》，亞當・格蘭特著

練習接受回饋的正確方式

• 《謝謝你的指教》，道格拉斯・史東與席拉・西恩合著，

掌握高難度對話技巧

• 《再也沒有難談的事》(*Diffcult Conversations*)，道格拉斯・史東、布魯斯・巴頓 (Bruce Patton)、席拉・西恩、羅傑・費雪 (Roger Fisher) 合著

練習數位禮儀

• 《不要全部回回覆》(*Don't Reply All*)，哈桑・奧斯曼 (Hassan Osman) 著，Kindle版第152頁至155頁
• 《發送》(*Send: Why People Email So Badly and How to Do It Better*)，大衛・希普利 (David Shipley) 與威爾・施瓦比 (Will Schwalbe) 合著

調節壓力與工作重擔

• 《瞎忙》(*CrazyBusy*)，愛德華・哈洛威爾 (Edward M. Hallowell) 著

尋求回饋

- 反應最佳自我練習（The Reflected Best Self Exercise），可於密西根大學商學院正向組織中心取得，http://positiveorgs.bus.umich.edu/cpo-tools/reflected-best-self-exercise-2nd-edition/

提升工作愉悅度

- 工作塑造練習，可於密西根大學商學院正向組織中心取得，http://positiveorgs.bus.umich.edu/cpo-tools/job-crafting-exercise/

其他資源

- 《Google 超級用人學》（Work Rules），拉茲洛・博克（Laszlo Bock）著
- 《維珍之道：我所知道的領導統御》（The Virgin Way），理查・布蘭森（Richard Branso）著
- 《如何成為正向領導者》（How to Be a Positive Leader），珍・達頓著、格雷岑・史普萊澤（Gretchen Spreitzer）編
- 《選擇文明》（Choosing Civility），P・M・福爾尼（P. M. Forni）著

- 《文明解決方案》(*The Civility Solution*)，P・M・福爾尼著
- 《亮起來》(*Shine*)，愛德華・哈洛威爾著
- 《留住好員工，還是流失好員工》(*Love 'Em or Lose 'Em*)，貝弗莉・凱伊 (Beverly Kaye) 與莎朗・喬丹—埃文斯 (Sharon Jordan-Evans) 合著
- 《激勵人心》(*Encouraging the Heart*)，詹姆斯・庫澤斯 (James Kouzes) 與貝瑞・波斯納 (Barry Posner) 合著
- 《動機，單純的力量》(*Drive*)，丹尼爾・品克 (Daniel Pink) 著
- 《MIT最打動人心的溝通課》(*Humble Inquiry*)，艾德・夏恩 (Edgar Schein) 著
- 《好老板 壞老板》(*Good Boss, Bad Boss*)，羅伯・蘇頓 (Robert Sutton) 著
- 《拒絕混蛋守則》(*The No Asshole Rule*)，羅伯・蘇頓著

推薦閱讀的《哈佛商業評論》文章

- 《社會智能和領導生物學》(*Social Intelligence and the Biology of Leadership*)，丹尼爾・戈曼 (Daniel Goleman) 與理查德・博亞齊斯 (Richard Boyatzis) 合撰
- 《掌握說服科學》(*Harnessing the Science of Persuasion*)，羅伯特・西奧迪尼 (Robert B. Cialdini) 撰
- 《五級領導力》(*Level 5 Leadership*)，吉姆・柯林斯 (Jim Collins)

撰

- 《先連接，再領導》（*Connect, Then Lead*），艾美・柯蒂、馬修・科胡特（Matthew Kohut）、約翰・尼芬格（John Neffinger）合撰
- 《自我管理》（*Managing Oneself*），彼得・杜拉克（Peter F. Drucker）撰

一起來　思 036

禮貌的力量
掌握最強生存思維！逆轉有毒關係、改造人生與職場的新科學
Mastering Civility: A Manifesto for the Workplace

作　　　者　克莉絲汀‧波拉斯（Christine Porath）
譯　　　者　朱家鴻
主　　　編　林子揚
編 輯 協 力　林杰蓉

總　編　輯　陳旭華　steve@bookrep.com.tw
社　　　長　郭重興
發　行　人　曾大福
出 版 單 位　一起來出版／遠足文化事業股份有限公司
發　　　行　遠足文化事業股份有限公司 www.bookrep.com.tw
　　　　　　23141 新北市新店區民權路 108-2 號 9 樓
　　　　　　電話｜ 02-22181417　傳真｜ 02-86671851
法 律 顧 問　華洋法律事務所　蘇文生律師

封 面 設 計　陳文德
內 頁 排 版　宸遠彩藝工作室
印　　　製　通南彩色印刷有限公司
初 版 一 刷　2023 年 1 月
定　　　價　420 元
I　S　B　N　9786267212004（平裝）
　　　　　　9786267212011（EPUB）
　　　　　　9786269660193（PDF）

This edition published by arrangement with Grand Central Publishing, New York, New York, USA. All rights reserved.
Copyright © 2016 by Christine Porath

有著作權‧侵害必究（缺頁或破損請寄回更換）
特別聲明：有關本書中的言論內容，不代表本公司／出版集團之立場與意見，文責由作者自行承擔

國家圖書館出版品預行編目（CIP）資料

禮貌的力量：掌握最強生存思維！逆轉有毒關係、改造人生與職場的新科學/克莉絲汀．波拉斯 (Christine Porath) 著；朱家鴻譯 . ~ 初版 . ~ 新北市：一起來出版：遠足文化事業股份有限公司發行 , 2023.01
　　面；14.8×21 公分 . ~（一起來思；36）
譯自：Mastering Civility : A Manifesto for the Workplace

ISBN 978-626-7212-00-4(平裝)

1. CST: 社交禮儀　2. CST: 人際關係　3. CST: 職場成功法

192.3　　　　　　　　　　　　　　　　　　111015038